AF637407

INFO3 VERLAG

Michael Bockemühl

KUNST SEHEN

BAND 3

PAUL GAUGUIN

Julius Daniel und David Hornemann v. Laer (Hg.)

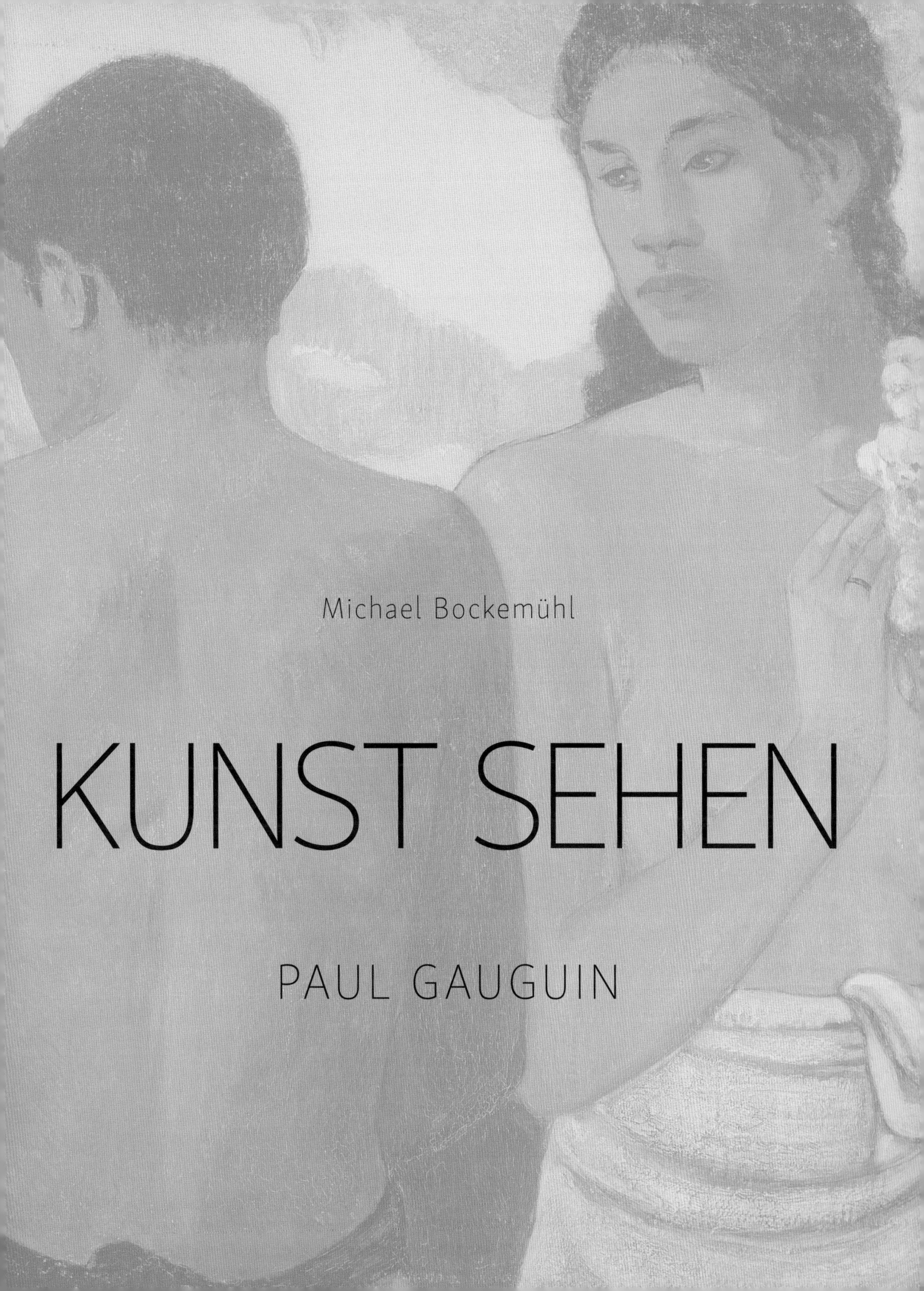

Michael Bockemühl

KUNST SEHEN

PAUL GAUGUIN

INHALT

„Minderwertige Malerei entsteht durch den Anspruch,
alles wiedergeben zu wollen; das Ganze versinkt in den Details,
die Langeweile ist die Folge davon.
Der Eindruck aber, der aus der einfachen Verteilung der Farben,
Lichter und Schatten hervorgeht, das ist die Musik des Bildes.
Bevor man überhaupt weiß, was das Bild darstellt,
ist man doch sofort ergriffen von dem magischen Akkord seiner Farben.
Das ist die wahre Überlegenheit der Malerei über die anderen Künste,
denn jene Ergriffenheit trifft den innersten Teil der Seele."

Paul Gauguin

1 | Paul Gauguin
Selbstbildnis, 1885

KUNST SEHEN!?

Florenz, Galleria dell'Accademia: Der Kunstwissenschaftler Michael Bockemühl umrundet mit fünfundzwanzig Studierenden den *David* Michelangelos. Anstatt der üblichen Verweildauer von drei Minuten verbringen sie ganze *drei Stunden* damit, die bekannteste Skulptur der Kunstgeschichte mit ihren Blicken zu erforschen. Nur: warum so lange hinschauen, wenn doch auf den ersten Blick geklärt ist, was zu sehen ist? Das Motto der Exkursion: „Sehen lernen". Aber muss das Sehen erst gelernt werden?

Was es mit dieser Fähigkeit auf sich hat, legte Professor Bockemühl von der Privaten Universität Witten/Herdecke Anfang der 1990er Jahre in einer öffentlichen Vorlesungsreihe dar. Anstatt seine Zuhörerinnen und Zuhörer über die Kunst zu belehren, lud er sie ein, an ausgewählten Werken die Möglichkeiten des eigenen Sehens zu entdecken. Das Publikum im ausverkauften Saalbau war begeistert und strömte zu den Vorlesungen.[1] Doch mittlerweile ist ein Vierteljahrhundert vergangen und der Kunstwissenschaftler lange verstorben. Warum also diese Vorträge publizieren?[2] Welche Relevanz könnten sie heute noch beanspruchen?

Als ich die bereits vergilbten Abschriften der auf Tonbändern aufgezeichneten Vorlesungen in mein Seminar mitbrachte und an die Studierenden austeilte, war ich mir unsicher, wie sie darauf reagieren würden. Umso mehr erstaunte es mich, dass ausnahmslos alle ihre Begeisterung zum Ausdruck brachten. So schrieb mir eine Studentin auf meine Frage, warum die Vortragstexte veröffentlich werden sollten: „Für mich gibt es auf diese Frage nur eine schlichte Antwort: Wir haben verlernt, wirklich zu sehen. Unser Blick für Schönheit und die Natürlichkeit der Welt ist durch unseren Lebensstil und die Gesellschaft getrübt. Michael Bockemühl zeigt uns anhand von Kunstwerken, wie wir unseren Blick wieder dafür öffnen können."[3] Eine weitere Rückmeldung lautete: „Ich kann nicht genau benennen, was das Lesen der Worte und das Sehen der Bilder in mir angesprochen haben. Ich war in jedem Falle bewegt und hatte beim Fortschreiten in die Vielschichtigkeit der Bilder kleine, wenn man das Wort benutzen darf,

1 „Ein Professor der Privaten Universität Witten/Herdecke reißt mit seinen Ansichten die Massen in seinen Bann!" hieß es zum Beispiel in einem Fernsehbeitrag (vgl. „Der Wittener Professor und die Kunst", Sendung vom 19.05.1993, WDR-Fernsehen). Ein weiterer Bericht über eine Vorlesung zu Joseph Beuys endete mit den Worten: „So wenig Notizen, so viel Begeisterung für die Art der Vorlesung. Kunstgeschichte als Happening – gibt's noch ne Steigerung?" (vgl. „Das sichtbare Unsichtbare", Sendung vom 17.11.1994, WDR Fernsehen).

2 Die Ausführungen zu Paul Gauguin entstammen nicht, wie die übrigen, der Vortragsreihe. Dem vorliegenden Text liegt die Katalogveröffentlichung zu Gauguin („Der Traum der Sinne und die innere Einheit", Dumont 1998, S. 102-117) zugrunde. Von Herrn Bockemühl wurde dieser Text gleichwohl in die Liste der Vorträge zu „Kunst Sehen" mit aufgenommen. Er wurde hier dem Stil der übrigen Vorträge angepasst.

3 Jana Eckey, Philosophie und Kulturreflexion.

4 Rose Link, Philosophie, Politik, Ökonomie.

5 Clara Wicharz, Wirtschaftswissenschaften.

6 Michael Bockemühl, „Die Wirklichkeit des Bildes", Stuttgart 1985, S. 180.

7 Nikolas v. Kameke, Humanmedizin.

8 Andreas Grießer, Philosophie, Politik, Ökonomie.

9 Michael Bockemühl in: boesner Katalog 2004, hrsg. von Wolfgang Boesner, Witten 2004, S. 52.

„Der Künstler ermöglicht, was der Anschauende verwirklicht"

Michael Bockemühl

'Offenbarungsmomente'."[4] Ein drittes Plädoyer hieß: „Herr Bockemühl hilft mir durch seine Ausführungen, die Kunst auf mich wirken zu lassen. Und was ich dann selbst erlebe, offenbart mir das Kunstwerk. Er hilft mir, selbst der Forscher zu sein."[5]

In seinen Vorlesungen nimmt uns Michael Bockemühl gemäß seinem Credo: „Der Künstler ermöglicht, was der Anschauende verwirklicht"[6] gleichsam bei der Hand und führt uns zu den einzelnen Kunstwerken hin. Dabei werden weder Spekulationen über ihre möglichen Bedeutungen angestellt, noch abstrakte Theorien über das Sehen geschmiedet. Mit Witz und methodischer Konsequenz sucht der passionierte Wahrnehmungsforscher vielmehr die Aufmerksamkeit auf die durch nichts anderes als durch das Kunstwerk eröffneten Anschauungsmöglichkeiten zu lenken. Das bleibt nicht folgenlos. So schrieb mir ein weiterer Seminarteilnehmer: „Es ist nicht nur ein Kunst-Lesebuch. Es weist über sich hinaus, da es eine Anleitung zur Eigenverantwortung im Umgang mit Kunst ist. Außerdem regt es zum eigenen Erleben an und zur weiteren Anwendung im Leben des Lesers. Dadurch trägt es zur persönlichen Weiterentwicklung des Interessierten bei."[7]

An die Stelle einer das Kunstwerk erklärenden, abgeschlossenen Interpretation tritt hier das eigene Sehen als offener Prozess: „Herr Bockemühl gibt mir die Werkzeuge an die Hand, die ich benötige, um mit Kunst so umzugehen, dass sie mich weiterbringt, dass sie mir etwas zeigt, das ich sonst nicht gesehen, gefühlt hätte."[8]

Die Vorträge lassen, wie die Rückmeldungen verdeutlichen, einen Resonanzraum entstehen, in dem Betrachter und Kunstwerk einander näher rücken. Mehr noch: wir lernen uns selbst und unsere Umwelt künstlerisch zu betrachten. Und künstlerisch meint hier: „schärfer, exakter, weiter, konkreter, hautnaher, lebensvoller – und all dieses mehr und mehr bewusst."[9] Damit liefern sie nicht nur einen die bisherigen Bemühungen der Kunstwissenschaft fruchtbar ergänzenden Baustein. Sie eröffnen zugleich die Aussicht auf eine Wissenschaftskultur, die schon von ihrem methodischen Ansatz her Theorie und (ästhetische) Praxis so eng wie möglich miteinander verbindet. Eine Kultur, die den Gebrauch der eigenen Sinne fördert und das Wahrnehmen mit dem Denken verbindet. Das aber brauchen wir in einer Zeit, in der wir mit digitalen Fertigwaren reichlich versorgt und bisweilen geradezu überschüttet werden.

Wer sich auf Michael Bockemühls Ausführungen einlässt und seinen Anregungen folgt, dem enthüllt nicht nur die eingangs erwähnte Skulptur Michelangelos einen unvermuteten Facettenreichtum. Ihm wird auch zur Gewissheit, dass es in der Welt noch viel zu entdecken gibt.

David Hornemann v. Laer,
Witten im Febuar 2018

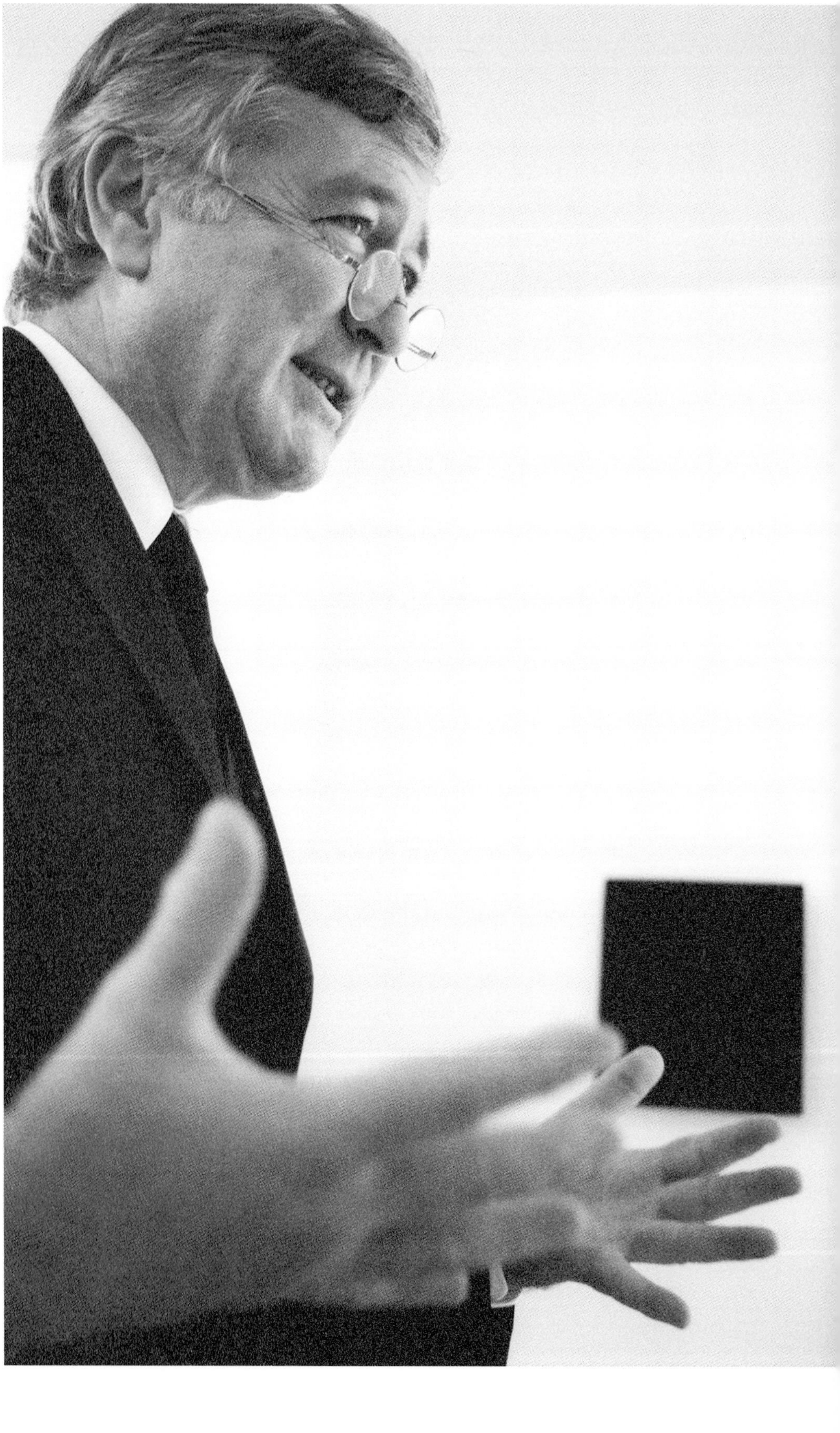

2 | Michael Bockemühl, 2003

„ES IST UNGLAUBLICH, WIE MAN SO VIEL GEHEIMNIS IN SO LEUCHTENDE FARBEN HÜLLEN KANN."

Stéphane Mallarmé

Meine Damen und Herren,

„Es ist unglaublich, wie man so viel Geheimnis in so leuchtende Farben hüllen kann" [10] soll der französische Schriftsteller Stéphane Mallarmé einmal vor Gauguins Bildern gesagt haben. Gauguin jedenfalls berief sich darauf in einem Brief aus Tahiti, da er sich von Mallarmé verstanden fühlte und mit dessen Worten seine Malerei charakterisieren konnte. In seinen späten Jahren verabscheute er es, sein künstlerisches Anliegen theoretisch zu erklären und bemerkte: „Ich kann meine Kunst nur durch meine Bilder sprechen lassen." [11] Er wehrte sich gegen eine allegorische Auslegung seiner Bildinhalte. Für ihn bestand die Aufgabe der Kunst nicht darin, zuvor gefasste Ideen durch Formen zu versinnlichen. Vor allem in der Farbe sah er die Möglichkeit, zum unmittelbaren Erlebnis zu bringen, „was in der Natur das Allgemeinste und deswegen auch das am schwersten Fassbare ist, nämlich die sie im Innern bewegende Kraft". [12]

Gauguin zählt zu den Malern, die die Wirkungskraft der Farbe als einen eigenen künstlerischen Wert erkannt haben und erstmals bewusst zu gestalten suchten. Er erschloss damit nicht allein für die Farbmalerei im 20. Jahrhundert, sondern auch für unser heutiges Sehen neue Möglichkeiten einer bewussten Erfahrung der Farbe. Denn selbst

10 Brief an den Kritiker André Fontainas vom März 1899. Zit. nach: Paul Gauguin. Briefe, Fischerhude 1989, S. 248.

11 Ebd., S. 250.

12 Ebd., S. 247.

nach der Moderne und Postmoderne wirken die Farben Gauguins noch heute kühn in ihrer Zusammenstellung, unerschöpflich in ihrer Vielfalt und überraschend in ihrer individuellen Ausführung.

Gauguins Bilder wahren ihr Geheimnis noch heute. Es scheint, als sei die künstlerische Produktion seiner Malerei der bewussten Rezeption ihrer anschaulichen Werte weit vorangeschritten. Die von Gauguins Farbgestaltung hervorgerufene anschauliche Evidenz erweist sich noch immer als ein grundlegendes Problem der Betrachtung. Wie die anderen großen Künstler seiner Zeit hat Gauguin zum Ende des 19. Jahrhunderts Bildphänomene vor Augen gestellt, die das bewusste Erfahren der Farbe als einer eigenen Wirklichkeit unausweichlich machen. Seine Bilder zwingen den Betrachter zur Auseinandersetzung mit dem unmittelbar Sichtbaren, da sich das Dargestellte und seine Farbwirkung einer letzten inhaltlichen Deutung stets entziehen. Vom Betrachter wird dadurch mehr gefordert als nur ein Erfassen wiedererkennbarer Inhalte oder die Einordnung in den Zusammenhang der Kunst- bzw. Geistesgeschichte. Der Sinnzusammenhang bleibt für den Betrachter ohne Auseinandersetzung mit der sichtbaren Farbe und ihrer Form unvollständig. Gauguins Bilder fordern vom Betrachter, auf ihre Farbwirkungen aktiv einzugehen. Denn diese können ihre Wirkungskraft nur im unmittelbaren Erleben entfalten. Erst in der Unmittelbarkeit des Anschauens beginnen die Bilder zu sprechen – erschließt sich ihr Sinn.

Damit ist der Ausgangspunkt der nachfolgenden Betrachtungen bezeichnet und der Bereich beschrieben, auf den sie sich ausschließlich beschränken. Um beides näher zu bestimmen, möchte ich vorab Grundsätzliches zum Problem des unmittelbaren Farberlebens ansprechen und an einige Begriffe erinnern, an denen Gauguins Zeiten die Reflexion über sein künstlerisches Anliegen zunächst orientierte. Das ist im Rahmen einer solchen Betrachtung nur andeutungsweise und verkürzt möglich. Doch möchte ich Sie dazu anregen, die besondere Weise, in welcher Gauguin das Bewusstsein auf die Erfahrung der Farbe lenkt, aus heutiger Sicht zu beachten und einige Wirkungsmöglichkeiten der Farben seiner Bilder in eigener Beobachtung zu erproben.

Dass jedes Ding seine Farbe hat, gilt als selbstverständlich. Wer wach die Augen offen hat, bemerkt Dinge. Im Gesichtsfeld reiht sich Ding an Ding. Lückenlos schließt sich eine Form an die andere und mit den Formen Farbe an Farbe. Unbemerkt bleibt, dass wir beim Erfassen von Dingen immer bereits eine Vorentscheidung getroffen haben, nämlich die Farbe als eine ihrer Eigenschaften anzusehen. Denn es wäre kein Ding sichtbar, ohne die Eigenschaft farbig zu sein. Ein Ding tritt nur durch seine Farbe in die Sichtbarkeit. Diese Tatsache kann zugleich deutlich machen, dass unsere Wahrnehmung in einem anderen Verhältnis zu den Dingen steht als zur wahrnehmbaren Farbe.

Ohne nähere Reflexion erscheinen die Dinge als das für die Anschauung primär Gegebene. Wir unterscheiden die Dinge anhand der ihnen eigenen Formen und Farben. Für das Wahrnehmen verhält es sich umgekehrt. Für das Auge ist zunächst nichts anderes gegenwärtig als Farbe. Und erst aus deren Differenzierungen unterscheiden sich Formen, die letztlich das Erfassen abgegrenzter Dinge ermöglichen: Primär sind nicht die Dinge für das Auge gegeben, sondern die Farben.

Dass dies sich so verhält, bestätigt bereits jedes mimetische Bild, jedes Bild also, mit dem etwas abgebildet wird. Der Maler bringt nicht die Dinge selbst ins Bild, sondern was er von ihnen sieht. Auf der Bildfläche stellt er bestimmte Farben so zusam-

„Gauguins Bilder fordern vom Betrachter, auf ihre Farbwirkungen aktiv einzugehen. Denn diese können ihre Wirkungskraft nur im unmittelbaren Erleben entfalten. Erst in der Unmittelbarkeit des Anschauens beginnen die Bilder zu sprechen – erschließt sich ihr Sinn.“

men, dass an diesen wiederum bestimmte Formen ersichtlich werden, die schließlich das abgebildete Ding wiedererkennbar machen. Zielt das mimetische Bild allein auf das, was abgebildet werden soll, so bleibt dabei auch das Wirkungsverhältnis zwischen Sehen und Farbe unbewusst.

Es gehört zur Signatur des gegenwärtigen Bewusstseins, dass wir mit einer bestimmten Selbstverständlichkeit beim Sehen auf die Dinge achten, die uns dazu führt, die Farbe im wahrsten Sinne des Wortes zu übersehen – im abbildenden Bild wie in der sogenannten Wirklichkeit.

Beim Sehen von Farbe handelt es sich um eine praktische Fähigkeit, die weit über das schlichte Registrieren dinglicher Gegebenheiten hinausgeht. Mit der Wertung der Farbe als Eigenschaft der Dinge ist daher nur ein kleiner Teil der Wirklichkeit der Farbwahrnehmung angesprochen.

Über alle dinglichen Beurteilungsmöglichkeiten hinaus wirken die Farben sogar lebensbestimmend auf die alltägliche Erfahrung ein. Ihre Wirkung nehmen wir allerdings nur selten bewusst zur Kenntnis. Und dieses nicht, weil sie dem Bewusstsein nicht leicht zugänglich wären, sondern weil wir gewohnt sind, uns in unserem Anschauungsverhalten an den Dingen zu orientieren. Da die anschaulichen Erfahrungen zunächst nicht anders als in der eigenen subjektiven Erfahrung auftreten, besteht auch selten Anlass, sie in ihrer Objektivität zu erfassen. Dass es sich bei der Erfahrung der Farbe nicht nur um zufällige – da subjektive – Faktoren handelt, sondern ebenfalls um Gesetzmäßigkeiten, weist bereits Goethe in seiner Farbenlehre auf. Anlass, auf die anschaulichen Werte der Farbe selbst einzugehen, bietet die Kunst, da sie bewusst mit der Gestaltung der Farbe umgeht.

Die Möglichkeiten anschaulicher Farberfahrung sind heute entscheidend durch die Gestaltungen der Kunst geprägt: Farbe nicht nur als dingliches Unterscheidungsmerkmal zu registrieren, sondern an ihrer Wirkung bewusstes Interesse nehmen zu können, hat sich erst mit und an der modernen Kunst entwickelt. Diese Fähigkeit ist zudem mehr als das philosophische Vermögen, beim Sehen der Dinge gedanklich von direkten Zwecken abzusehen. Sie kann Folgen haben für die Erkenntnis und das Erleben der Wirklichkeit.

Eine der hohen, wenn auch bislang wenig beachteten Wirkungen der Kunst liegt in nichts Geringerem als im Eröffnen einer Erfahrung der Erfahrung. Kunst kann so zum Schlüssel werden für die Weise, *wie* wir sehen. Gauguins bewusstseinsgeschichtliche Bedeutung liegt im Erschließen neuer Dimensionen der Farberfahrung, denn er eröffnete damit neue Chancen für ein bewusstes Wirklichkeitserleben, weit über die Grenzen der Kunst hinaus.

AUF DEM WEG ZUR ENTDECKUNG DER REINEN FARBE

Wie viele Künstler griff auch Gauguin zunächst die Tendenzen seiner Zeit auf, bevor er seinen eigenen Weg fand. Diese Zeit war geprägt von großen Gegensätzen. Im Realismus und im Naturalismus hatte die Malerei den höchsten Gipfel abbildlicher Wiedergabe erreicht[13]. Nur die in diesem Anliegen entwickelte Photographie konnte das Prinzip der abbildlich-mimetischen Wiedergabe noch überbieten. Dennoch wirkte in den Salons die akademische Tradition von Motivik und Komposition im Verbund bewährter Zeichen- und Maltechniken ungebrochen fort. Allegorese und Mythologie verbanden sich dabei mit historistischer Akkuratesse und mit der dinglichen Gegenstandstreue der neuen naturalistischen Errungenschaften.

Demgegenüber traten Kunstrichtungen auf, die zunehmend den rein anschaulichen Werten des Bildes, vornehmlich den Eigenwerten der Farbe ihr Interesse entgegenbrachten. Mit Eugène Delacroix hatte sich eine Malerei Bahn gebrochen, die sich vom Prinzip mimetischer Abbildung zu lösen begann und die Wirkungsmöglichkeiten der Farbe bewusst als Ausdruckswert des Bildgeschehens erprobte [14]. Die Entwicklung zu einer bewussten Gestaltung der Eigenwerte der Farbe im Bild – und schließlich durch das Bild – verlief vielfältig und ereignete sich auf sehr unterschiedliche Weise. Auch wirkten zunehmend Wissenschaft, Kunsttheorie und Kunstkritik in diese Entwicklung mit ein.

Mit dem Impressionismus hatte sich eine besondere Malweise entwickelt, die zunächst die Wiedergabe der Dinge im Bild optimierte. Nicht nur die Dinge als solche, sondern auch die Situationalität, in der sie sichtbar sind – ihre Erscheinungsweise im Licht, in der Atmosphäre, in der Bewegung – sollten bildlich fassbar werden. Die impressionistische Malweise sollte eine der Naturerfahrung entsprechende Bilderfahrung ermöglichen.[15]

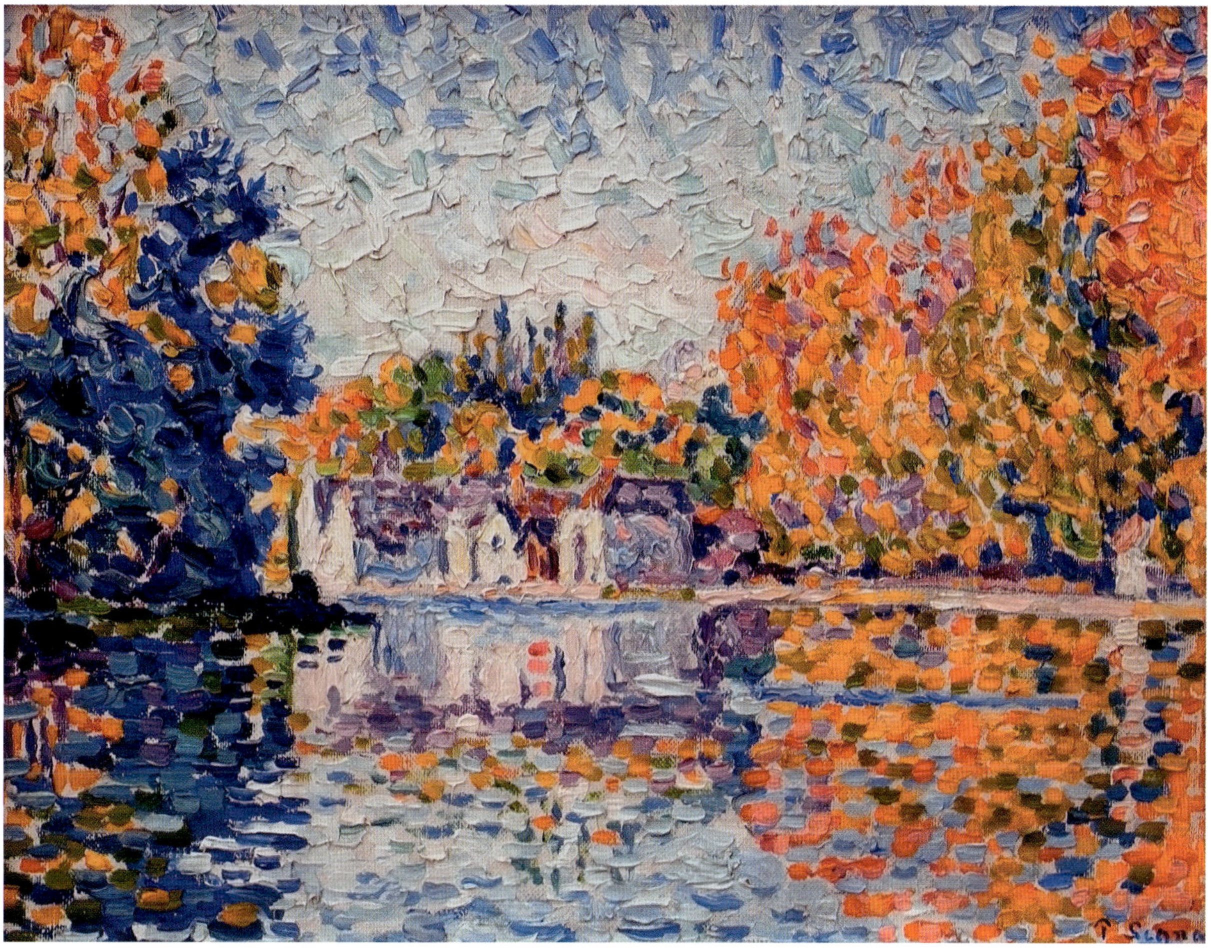

3 | Paul Signac, **Die Seine bei Samois** (Studie), 1899

Im Neoimpressionismus beziehungsweise Divisionismus wurden im Naturerlebnis sichtbare Farben der Dinge auf der Bildfläche in Partikel ungemischter Grundfarben des Farbkreises zerlegt.

Für Gauguins Situation sind vor allem die Folgen von Belang, die dieses Verfahren für den Umgang mit der Farbe mit sich brachte. In Paul Signacs Bild „Die Seine bei Samois" beispielsweise relativiert sich die Nähe zum Naturbild durch die in einzelne Punkte entmischte Farbe. Der Unterschied zwischen der im Bild sichtbaren Farbe und dem Farbeindruck in der Natur vergrößerte sich schließlich so weit, dass die Farbwerte auf der Bildfläche selbst wie bloßgelegt vor Augen standen und so als solche nicht mehr übersehen werden konnten.

13 Vgl. KUNST SEHEN. Bd. 1, Die Malerei des 19. Jahrhunderts, , S. 74-89.

14 Vgl. Max Imdahl, Die Rolle der Farben in der neueren französischen Malerei – Abstraktion und Konkretion, in: Poetik und Hermeneutik II, hrsg, von H. R. Jauss, München 1966, S. 212 ff.

15 Vgl. KUNST SEHEN. Bd. 2, Claude Monet, S. 25 ff.

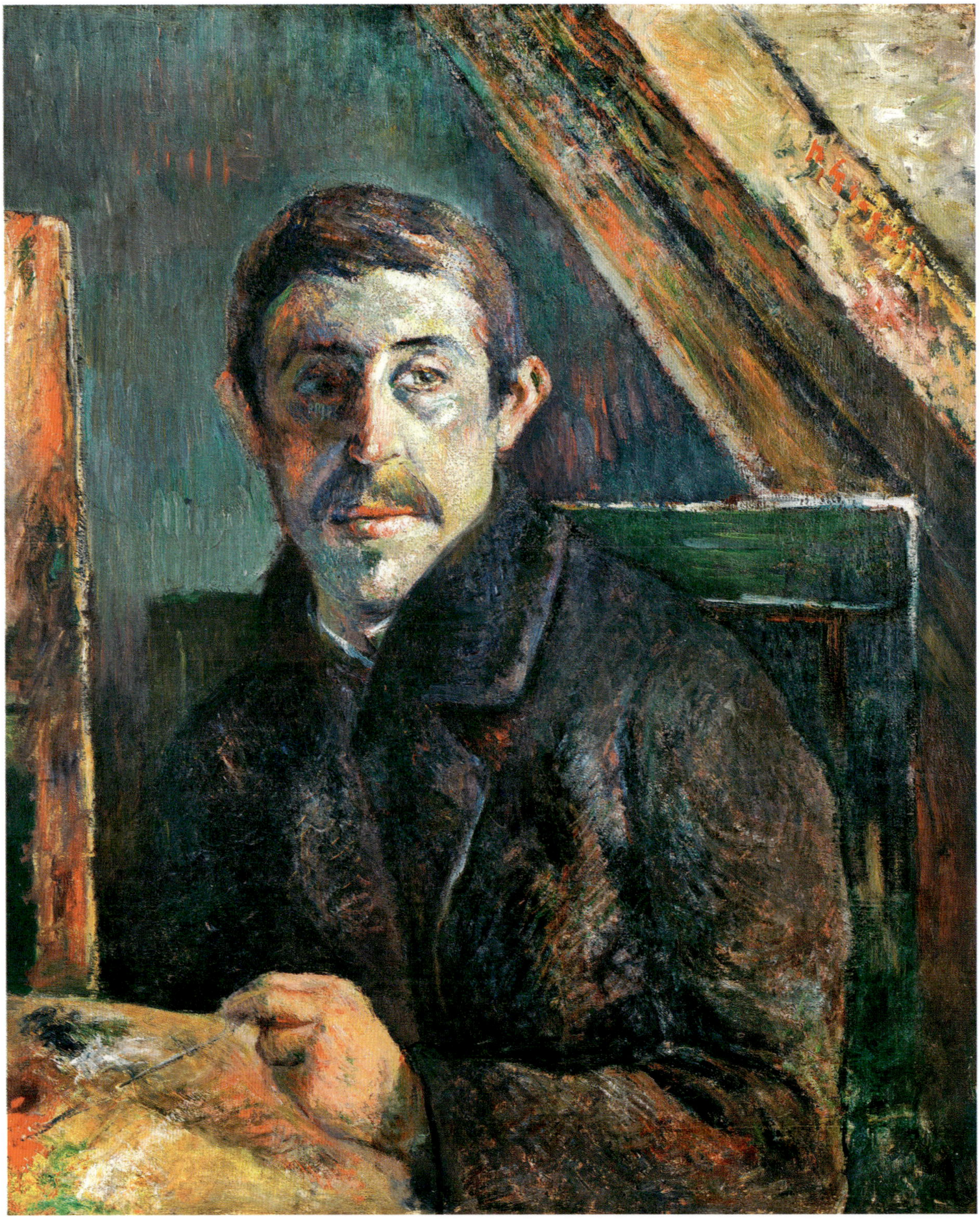

AUF DER SUCHE NACH DER EIGENEN BILDFORM

Gauguin hat den Kreis der Künstler und Kunstrichtungen, die ihm Anregung zur eigenen Arbeit gaben, stets weiter ausgedehnt und sich mit immer unterschiedlicheren Stilelementen befasst. Prägend war für ihn jedoch die Begegnung mit seinem Lehrer Pissarro 1874. Durch ihn wurde Gauguin auf die Vielfalt der Differenzierungsmöglichkeiten der Farbe aufmerksam. Die Begegnung und Auseinandersetzung mit van Gogh gab Gauguin den entscheidenden Anstoß, seine eigene Bildform herauszubilden und zu behaupten.

Kompositionen von Giotto oder ägyptische Fresken, ländliche Töpfereien oder die elegante Bildwelt Manets oder Degas', japanischer Holzschnitt, primitive Plastik und anderes mehr – seine Offenheit gegenüber allen Kunstformen, die heute an Tendenzen der Postmoderne erinnern könnte, war in seiner Zeit außergewöhnlich. Nach und nach konzentrierte sich sein Interesse jedoch auf den Ausdruck archaisch-ursprünglicher Gestaltungen, das ihn zunächst zur Darstellung bäuerlicher Landschaften und Figuren der Bretagne und schließlich der exotischen Welt Tahitis führte.

Nur schwer lässt sich in unseren Tagen der Rechtfertigungsdruck vergegenwärtigen, unter dem Gauguin stand, als er gegen den beißenden Hohn der Öffentlichkeit seine neuen Schritte in der Malerei zu verteidigen suchte. Denn er überschritt nicht allein die Grenzen der akademischen Tradition, sondern auch die des Impressionismus, der gerade zu jener Zeit erste Anerkennung errungen hatte. Für das Neue, was ihm vorschwebte, war noch keine angemessene Sprache gefunden. In den nicht abreißenden Diskussionen mit Künstlerfreunden und Literaten hoben sich Begriffe heraus, an denen er sich ausrichtete. Der literarische Symbolismus, insbesondere wie dieser von Mallarmé vertreten wurde, kam seinen Ansichten am nächsten. Der Austausch mit Mallarmé wurde so ausschlaggebend für sein Denken über Kunst. Wie Gauguin suchte Mallarmé nach der *Unmittel-*

4 | Paul Gauguin, **Selbstportrait**, 1885

barkeit in der Wirkung des Kunstwerks. Um diese zu erreichen, rang Gauguin um eine Überwindung der dinglichen Bezeichnungsfunktion der Farbe, rang Mallarmé um die Überwindung der Bezeichnungsfunktion der Sprache.[16] Und Mallarmé wandte sich wie Gauguin an das aktive Bewusstsein: „Ein Gedicht ist ein Geheimnis, dessen Schlüssel der Leser suchen muss".[17] Die Symbolisten entdeckten ihrerseits in Gauguins Malerei eine innere Verwandtschaft zu ihrem Kunstkonzept. Es war Albert Saurier, der den Symbolismus als leitendes Programm für den neuen Stil Gauguins und der Künstler, die sich ihm anschlossen, propagierte und ihn zugleich zum führenden Symbolisten erklärte.[18]

Gauguin hatte sich selbst seit 1888 als Symbolisten und Synthetisten bezeichnet.[19] Nicht die abbildliche Illusion sollte die Wirkung des Bildes begründen, sondern eine Synthese von Form und Farbe: „Meine letzten Bilder sind auf gutem Wege; ich glaube, Sie werden in ihnen eine besondere Note finden oder vielmehr eine Bestätigung meiner früheren Bemühungen, die Synthese von Form und Farbe, die sich allein durch das Hervorheben des Wesentlichen ergibt."[20]

Gauguin verfolgte seinen Weg intuitiv-künstlerisch – ohne vorgegebene Richtung. Die mit den Freunden heiß debattierten Begriffe Symbolismus und Synthetismus prägte er nicht selbst. Wesentliche Einsichten ergaben sich aus der künstlerischen Arbeit und im Gespräch. Das heute Selbstverständliche bedeutete für den Kreis dieser Künstler eine erste Würdigung der Farbe als einer primären Wahrnehmung und damit als einer konkreten Bildgegebenheit von eigener Wirklichkeit. Bezeichnend für diese neue Auffassung ist auch die berühmte Anekdote vom Herbst 1888 in Pont-Aven über die Entstehung des *Talisman*, in dem die später sich zusammenfindende Künstlergruppe der Nabis (hebr. „Propheten"), bestehend aus Pierre Bonnard, Maurice Denis, Paul Sérusier u .a., die erste Realisation ihres Bildkonzepts sah. Dabei handelt es sich um ein kleines Bild, das Sérusier unter Anleitung Gauguins auf den abgelösten Deckel einer Zigarrenkiste gemalt hatte. Wenn man das Bild „Talisman" näher betrachtet, lassen sich Elemente einer Landschaft erkennen: ein Wäldchen, ein Weg, eine Baumreihe am Ufer, ein Gebäude im Hintergrund. Jeder dieser Gegenstände ist ein Farbfleck. Maurice Denis berichtet, dass Gauguin zu Sérusier Folgendes gesagt habe: „Wie sehen Sie diese Bäume? Sie sind gelb. Dann nehmen Sie Gelb; diesen Schatten? Eher blau. Dann malen Sie ihn in reinem Ultramarinblau; diese Blätter sind rot? Dann nehmen Sie Zinnoberrot."[21] Die

16 Vgl. Gudrun Inboden, Mallarmé und Gauguin: absolute Kunst als Utopie. Studien zur allgemeinen und vergleichenden Literaturwissenschaft, Bd. 14, Stuttgart 1987, S. 63.

17 Vgl. S. Mallarmé, Sämtliche Gedichte (frz./ dt.), Heidelberg 1974, S. 289.

18 Vgl. den Artikel von G.-Albert Aurier in: Mercure de France: Le Symbolisme en Peinture, März 1891. Abgedruckt in deutscher Übersetzung in: Paul Gauguin 1884-1903, hrsg. von Maria Prater und Charles F. Stuckey, New York 1987, S. 150 ff.

19 Vgl. Belinda Thomson, Gauguin, aus dem Englischen von Karin Tschumper, München 1997, S. 65.

20 Gauguin an Schuffenecker, Pont-Aven, 14. August 1888, zit. n. John Rewald 1967, S. 127.

21 Ebd., S. 130.

5 | Paul Sérusier, **Der Talisman**, 1888

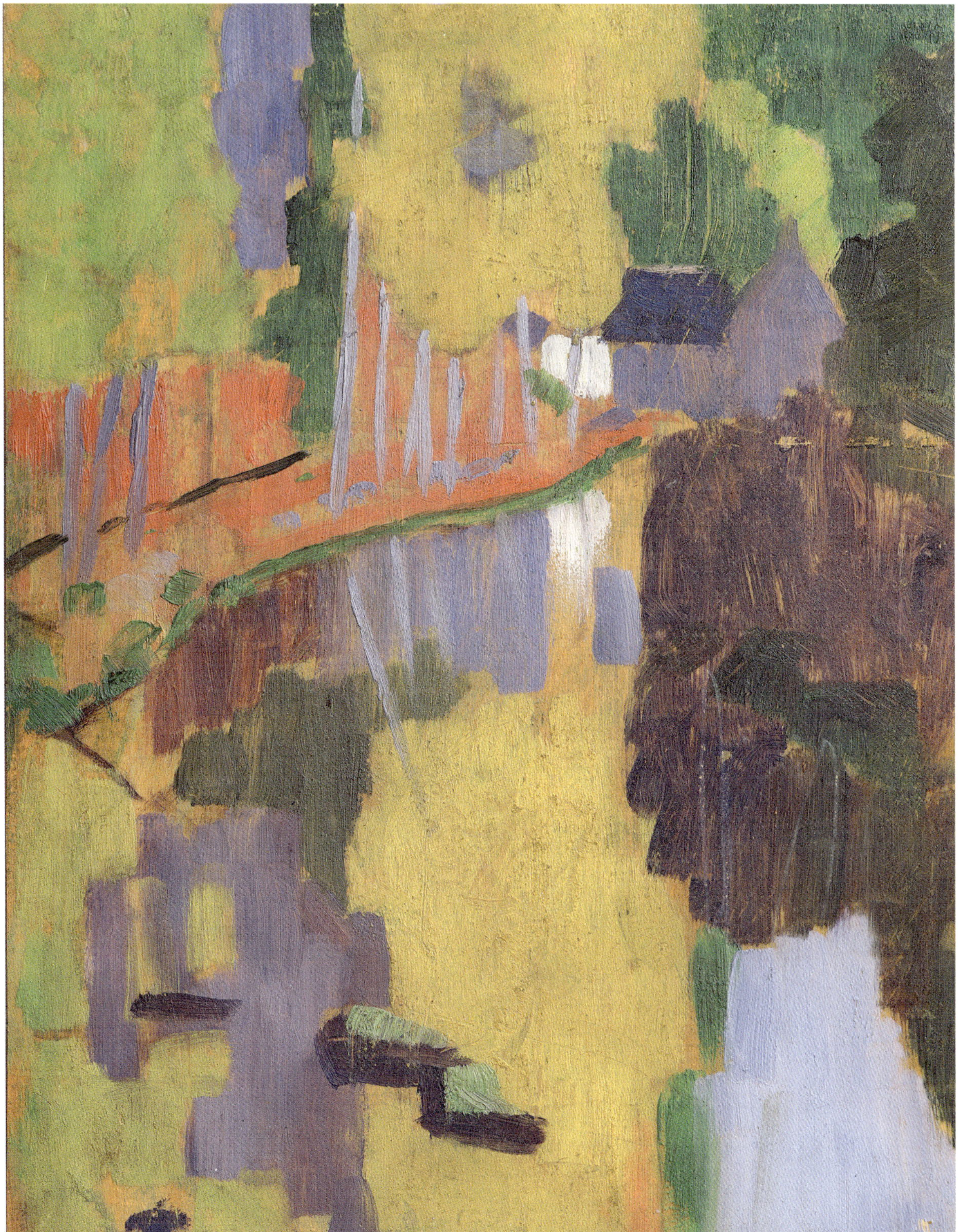

„Die Farbe kann nicht mehr, wie im Naturalismus, als Eigenschaft der Dinge übersehen werden. Sie tritt als primäre und damit als die wesentliche Erfahrung selbst in Erscheinung."

Begebenheit spricht dafür, dass Gauguin nach seiner Rückkehr aus Martinique beim Blick auf die Dinge in der Natur das Augenmerk vordringlich auf die Farbe wendete, um sie dann so ins Bild zu bringen. Es handelt sich dabei jedoch nicht lediglich um die Übertragung eines optischen Eindrucks vom natürlichen Blickfeld ins Bildfeld. Beim Malen findet ein entscheidender Veränderungsprozess statt: Die an den Dingen gesehene Farbigkeit wird im Bild gegenüber der Vielfalt der unterschiedlichen Mischtöne, die die Dinge in der Natur aufweisen, vereinheitlicht, verdichtet und das Wesentliche betont, hervorgehoben und übertrieben. Auf diese Weise kann die Eigenwertigkeit der Farbe so weit gesteigert werden, dass sie selbst zum Bewusstsein kommt. Die Farbe kann nicht mehr, wie im Naturalismus, als Eigenschaft der Dinge übersehen werden. Sie tritt als primäre und damit als die wesentliche Erfahrung selbst in Erscheinung.

In diesem Veränderungsprozess, im Hervorheben des Wesentlichen, sah Gauguin die entscheidende Gestaltungsaufgabe: Die schöpferische Tätigkeit des Künstlers, die er als Abstraktion bezeichnete.

Der Begriff der Abstraktion könnte aus heutigem Verständnis so aufgefasst werden, als sei von einer Überwindung oder vom Verlassen des abbildlich-gegenständlichen Prinzips hin zur gegenstandslosen Kunst die Rede. Das meinte Gauguin jedoch nicht. Der Künstler war sich bewusst, dass auch das mimetisch-abbildende Bild bereits eine Abstraktion gegenüber dem Blick in die Natur bedeutet. Denn die Dinge kommen nicht als Dinge ins Bild. Abstraktion bedeutet bereits, dass sie in der zweidimensionalen Bildfläche lediglich durch ihre Farben, Formen und Proportionen kenntlich gemacht werden. Abstraktion bedeutet bereits die Tatsache, dass das Bild, im Gegensatz zum freien Blick in die Natur, immer nur einen Ausschnitt zeigen kann und daher zugleich den Blickwinkel festlegt, unter dem dieses Teilstück gesehen wird. Auch kann nicht jede Einzelheit miteinbezogen werden, dies ist nur annähernd bei Motiven möglich , die dafür geeignet genug sind. Eine Auswahl muss getroffen werden. Gerade das ruhende Bild erzwingt die Auswahl einer bestimmten Situation aus dem Zusammenhang eines Geschehens. Bereits die Verwendung von Linien bedeutet gegenüber der Natur eine Abstraktion.

22 Gauguin im Brief an Schuffenecker vom 14. 8. 1888, zit. nach: Paul Gauguin, Briefe, hrsg. von Maurice Malingue, übersetzt von Hermann Thiemke, Berlin 1960, S. 79.

Unter diesem Aspekt musste Gauguin das Konzept des Naturalismus widersprüchlich erscheinen, da jener den Wirklichkeitsgrad des Dargestellten durch möglichst genaue Wiedergabe der Dinge im Bilde zu erhöhen versucht. Die Abstraktheit des Bildes im Vergleich zur Natur bleibt dabei jedoch zwangsläufig erhalten. Aus Gauguins Sicht wäre es daher von Anfang an ein vergebliches Bemühen, es der Natur durch immer genauere Abbildung gleichtun zu wollen. In der bildlichen Abstraktion sah er dagegen die eigentlich künstlerische Chance, die konsequenterweise auch gefährdet werden kann, wenn sich der Künstler allzu dicht an das Vorbild der Natur hält. Dem Maler und fördernden Freund Schuffenecker schreibt er: „Malen sie nicht zu viel nach der Natur. Das Kunstwerk ist eine Abstraktion. Ziehen Sie es aus der Natur heraus, indem Sie vor ihr nachsinnen und träumen.“[22]

Vorgreifend ist zu betonen, dass die nach Gauguins Meinung als künstlerische Chance zu ergreifende Abstraktion den Künstler nicht zum Extrem einer Gestaltung geführt hat, die die Grenzen der mimetisch-abbildlichen Darstellung verlässt. So frei Gauguin auch bei seiner späten Farbgestaltung vorging, er dachte nicht daran, sich von mimetisch-dinglichen Assoziationsmöglichkeiten gänzlich zu lösen. Am Entstehen des „Talisman“ wurde deutlich, inwiefern die Vereinheitlichung, Verdichtung und die Hervorhebung des Wesentlichen bei der Farbgestaltung im Sinne Gauguins als Abstraktion zu werten ist. Gelingen kann die so verstandene Abstraktion jedoch nicht ohne eine entsprechende Abstraktion der Formen. Würden nicht auch sie einer entsprechenden Transformation unterworfen, so wäre die von Gauguin geforderte Abstraktion nicht vorstellbar.

Die Einheit des Bildes sieht Gauguin nicht darin, dass bestimmte Formen und Farben eindeutig bei der Bezeichnung eines darzustellenden Gegenstands zusammenstimmen. In der inneren Übereinstimmung von Farbe und Form liegt das Wesen der Synthese. Worin die Hervorhebung des Wesentlichen liegt, um sie zur synthetischen Einheit zu bringen, ist den theoretischen Äußerungen nicht zu entnehmen. Am Bild der „Bretonischen Tangsammlerinnen (II)“ lassen sich Gauguins Maßnahmen auf der Suche nach der Abstraktion der Dingformen jedoch beobachten.

„Aus Gauguins Sicht wäre es von Anfang an ein vergebliches Bemühen, es der Natur durch immer genauere Abbildung gleichtun zu wollen.“

TANGSAMMLERINNEN

Die Szene spielt am Strand. Die Figuren zeigen die verschiedenen Arbeiten, die beim Einbringen des Tangs anfallen. Die Tätigkeiten sind auf wenige Grundtypen beschränkt: auf das Einholen des Tangs am Wasser, auf das Tragen und Bündeln, auf das Ausruhen und so weiter. Gauguin übernimmt in dieser Szene die Formen der Figuren und Dinge nicht unmittelbar ins Bild, sondern vereinfacht sie. Einzelformen wie das Meer und der Strand werden zusammengefasst, Strukturen wie das Tangbündel im mittleren Vordergrund oder die einzelnen Kleidungsstücke sind auf typische Formen reduziert. Auch die Linienzüge der Konturen werden in gleichsinnige Schwingungen oder klare Gegenläufigkeiten geordnet. Zugleich löst Gauguin den verbindlichen perspektivischen Zusammenhang der Szene auf, indem er überzogene Fluchtungen und extreme Größenunterschiede in der Bildfläche eng zusammenstellt. Ganz rechts am Bildrand ist das Vorderbein eines Pferdes zu erkennen, dass im Vergleich zu den noch weiter vorn zu denkenden menschlichen Figuren übergroß wirkt; unmittelbar daneben befinden sich winzige Figuren im Wasser. Diese krassen Größenunterschiede sind zudem nicht von sichtbaren Fluchtlinien vermittelt, wie etwa durch Architekturteile, Wege und anderes mehr. Die Fluchtlinien erscheinen eher gebrochen. So fügt sich die Reihe der vier Frauen links oben in die, von der Perspektivkonstruktion geforderten, geraden Fluchtlinien nicht ein.

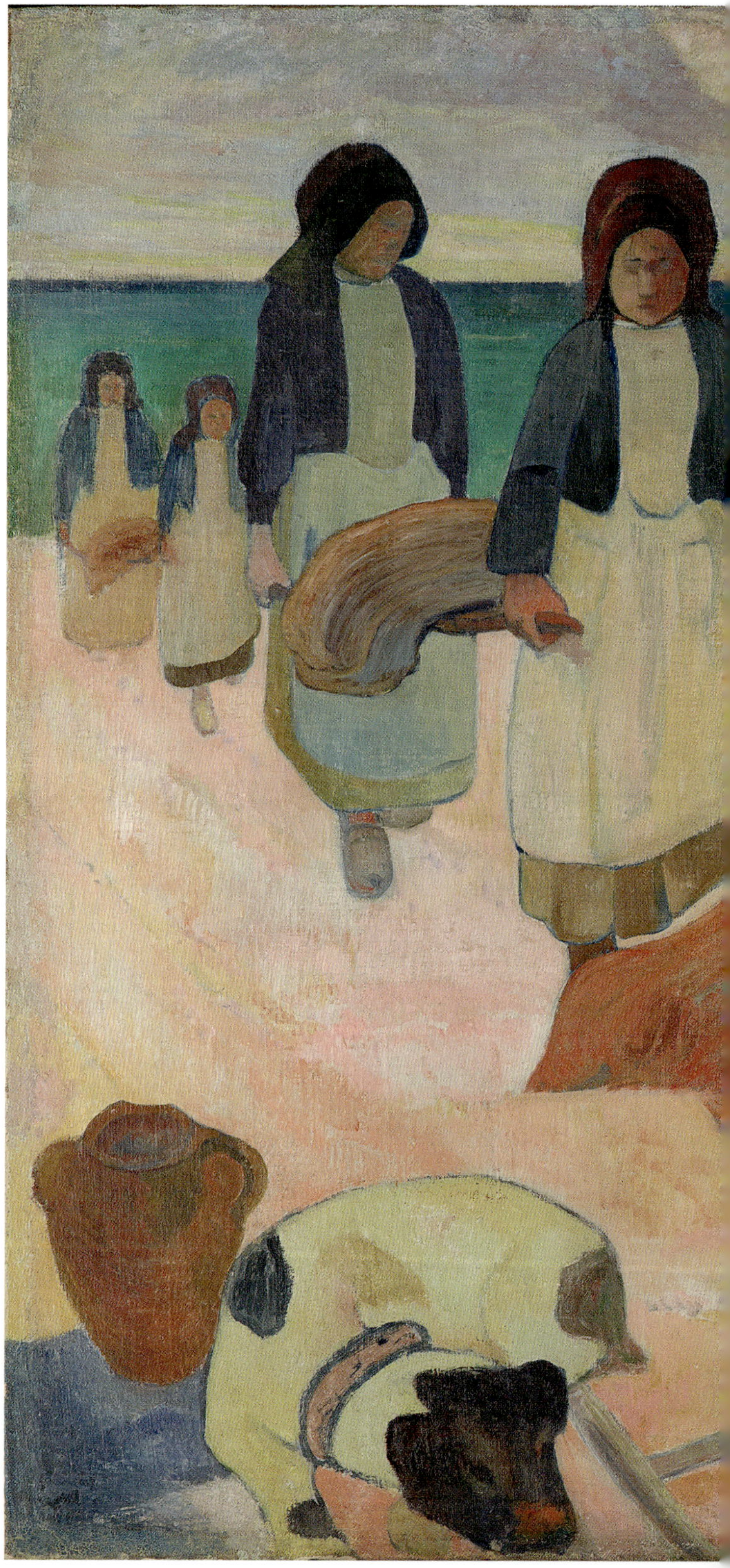

6 | Paul Gauguin,
Bretonische Tangsammlerinnen (II), 1889

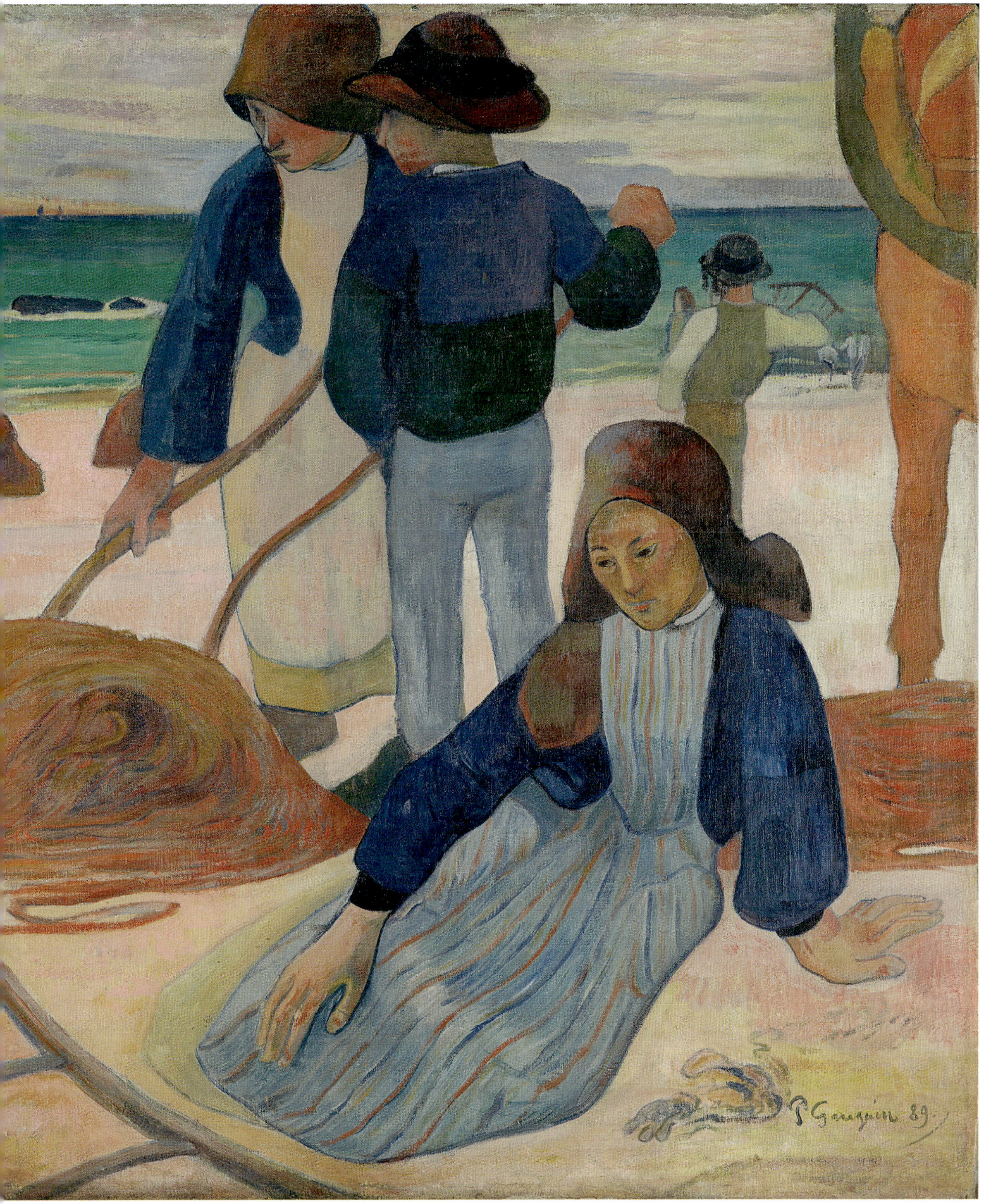
P Gauguin 89.

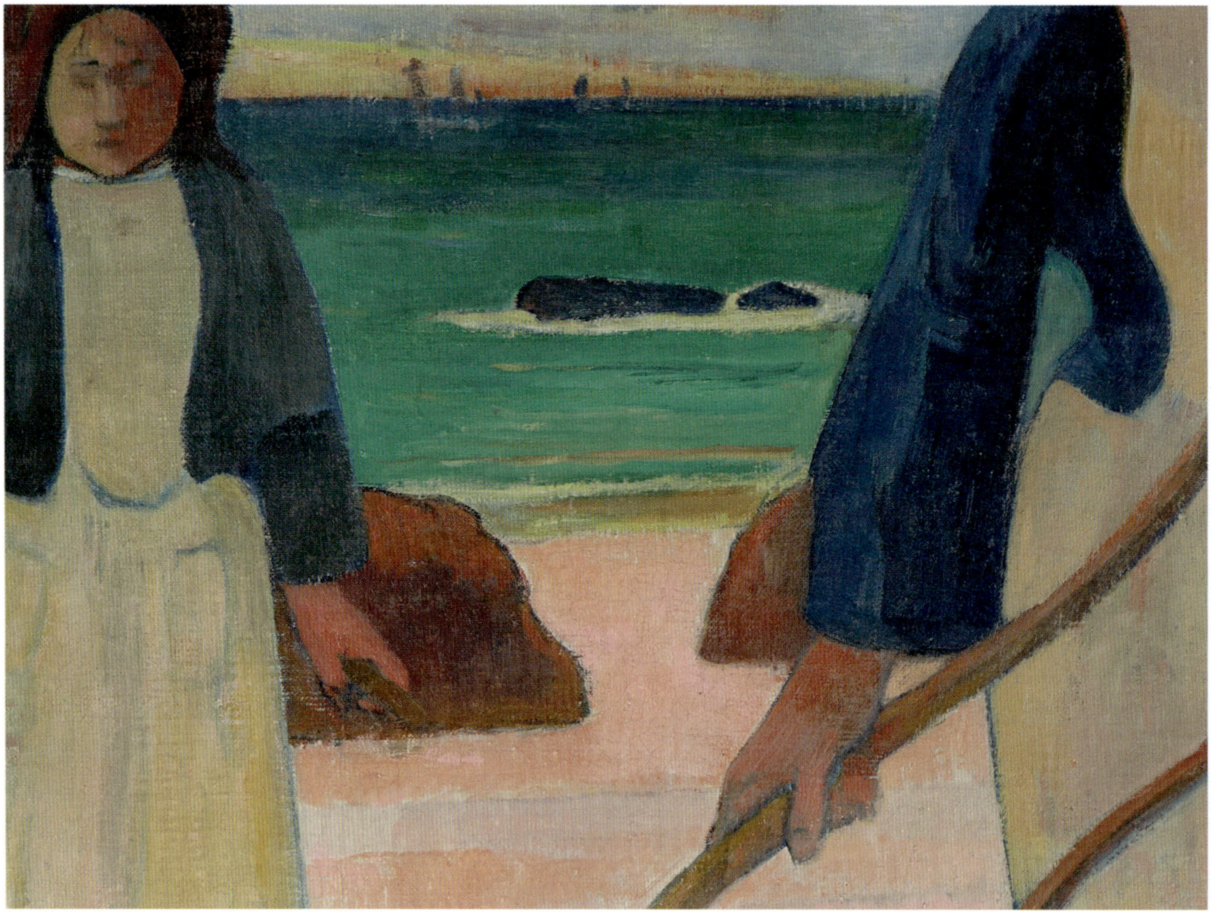

Die Darstellungsform löst sich tendenziell vom *Vorbild* der naturhaft gegebenen Szene. Zwar stimmen die Farb- mit den Dinggrenzen weitgehend überein, die Formen der Dinge und Figuren und ihre Größenverhältnisse aber erscheinen willkürlich proportioniert, wenn nicht gar deformiert. Sie irritieren damit die bei einer Szene zunächst erwartete Vorstellung eines einheitlich durchgängigen Raumsystems, dem alle Figuren und Dinge gemeinsam unterworfen sind. In der Bildtradition der klassischen Kunst wurde der Eindruck einer einheitlichen Bildszene durch Maßnahmen der Komposition, Proportion und Perspektive geweckt und getragen. In Gauguins Bild wird mit den wiederzuerkennenden Dingen und ihrem Raum kein geschlossenes System geboten. Dennoch entsteht der Eindruck von Geschlossenheit.

Die Farben tragen wie die Formen zunächst zum gegenständlichen Erkennen der Szene bei. Sie zeigen sich ebenfalls abstrahiert in Maßnahmen, wie sie oben bereits skizziert wurden. Die Farben der Dinge im Bild werden nicht mehr ausschließlich vom natürlichen Aussehen der Dinge vorgegeben. Sie werden vereinheitlicht, intensiviert und aufeinander abgestimmt – doch in bestimmter Weise: Die Partien der Landschaft – der Strand, das Wasser, aber auch die Farbgebung der Figuren werden auf je einen dominierenden Farbton gebracht. Dabei ist der Buntwert einiger Partien und Figuren zu relativ reinen und leuchtenden Grundtönen

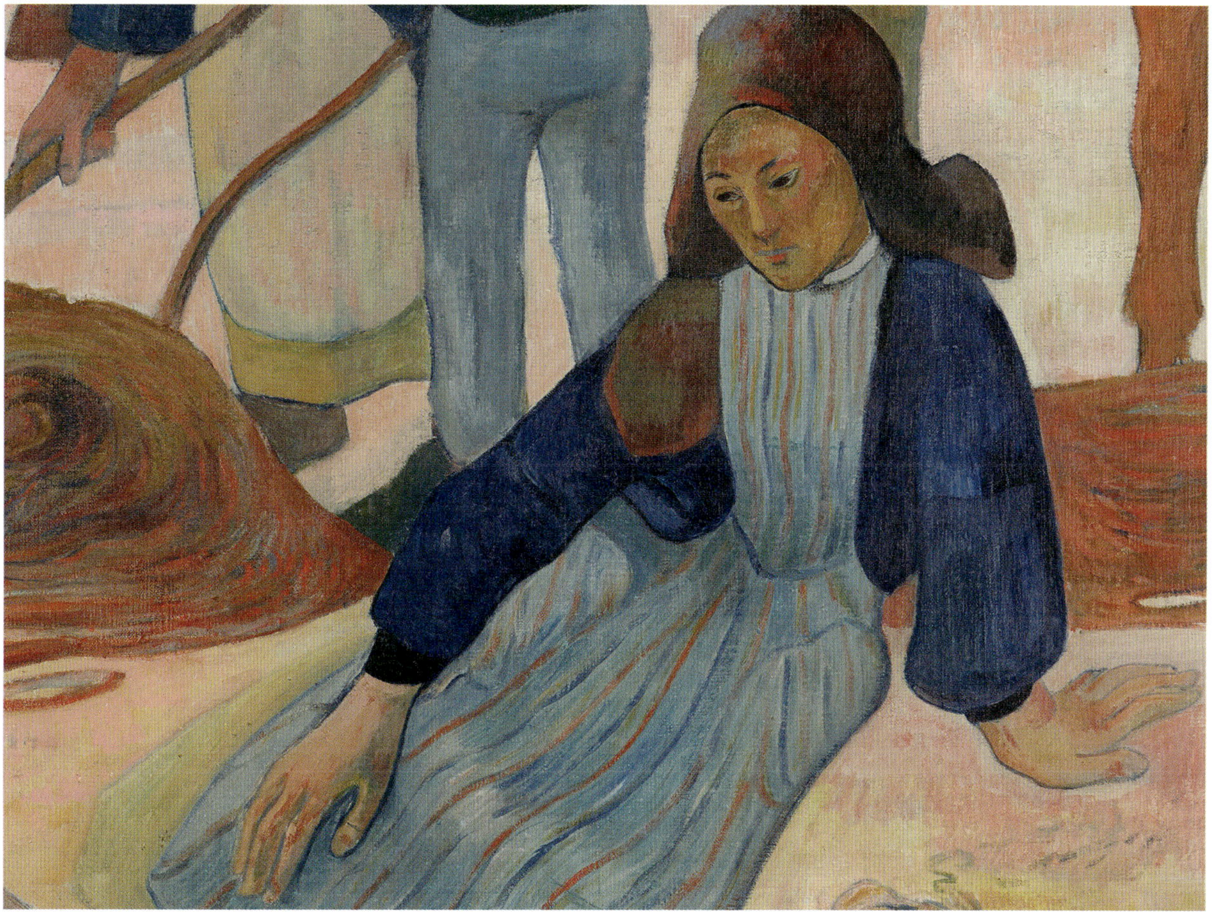

gesteigert. Die Buntwerte dieser Partien wiederum sind einander angeglichen oder kontrastieren miteinander. Diese Verteilung der reinen Farben auf Partien in der Bildfläche entspricht einer Entmischung. Im Unterschied zu den Bildwirkungen des späten Neoimpressionismus handelt es sich bei dieser Entmischung jedoch nicht um kleinste Partikel; vielmehr entstehen größere oder kleinere Farbsegmente, die sich oft durch eine relativ geschlossene Konturlinie deutlich voneinander abheben.

Entsprechendes kann auch an der Landschaft bei Arles „Die Alyscamps“ (*nächste Seite*) aus dem Jahre 1888 beobachtet werden.

„Die Farben der Dinge im Bild werden nicht mehr ausschließlich vom natürlichen Aussehen der Dinge vorgegeben. Sie werden vereinheitlicht, intensiviert und aufeinander abgestimmt.“

DIE ALYSCAMPS

Das Gemälde zeigt die entmischten Farbflächen in einer deutlichen Gliederung, wie beispielsweise im Hellblau des Kanals, der von links zur Bildmitte führt, in den verschiedenen grünen Rasenstücken, im roten Busch zur rechten, im gelb-orangefarbenen Herbstlaub und im Ausschnitt des Himmels oben links.

Gauguins Interesse, die Bildfläche in farbige Teilflächen zu gliedern, ist mit Maßnahmen in Verbindung zu bringen, die die Einheit des Perspektivsystems von Seiten der Farbe her noch weiter relativieren. Denn nur sehr bedingt lassen sich diese einzelnen Farbpartien in die Einheitlichkeit einer abbildlichen Raumvorstellung einfügen: Kaum lässt sich mit diesen Farbflächensegmenten ein Licht-Schatten-System darstellen, das sich bruchlos in die zeichnerische Systemperspektive einbettet. Noch weniger lässt sich mit ihnen der Eindruck eines kontinuierlichen Tiefenraums erwecken, da dieser Effekt nur durch feine kontinuierliche Übergänge erreicht werden könnte.

7 | Paul Gauguin, **Die Alyscamps**, 1888

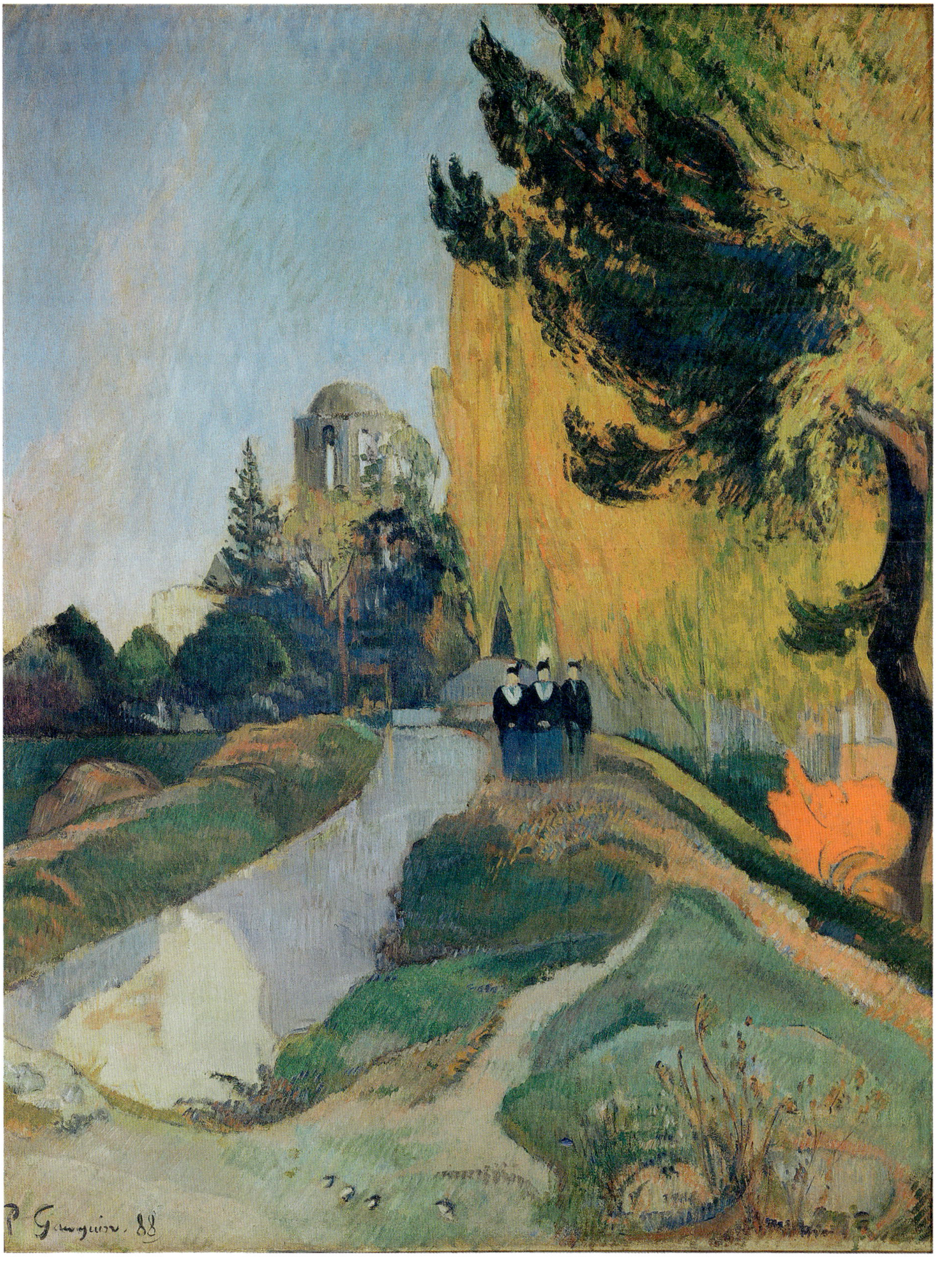
P. Gauguin. 88

„In ‚Les Alyscamps' finden sich in den größeren wie auch in den kleineren Teilflächen weiche Übergänge von einer Farbe in die andere, von Blau zu Rosa, von dunklem Grün bis ins helle Rotbraun. Die Farbflächen sind oft kleinteilig durchgearbeitet, impressionistischen Farbstrukturen vergleichbar, die nicht aus einer einheitlichen Farbe, sondern aus einer Vielheit von winzig kleinen Farbelementen bestehen."

An dem Gemälde ist außerdem zu beobachten, dass Gauguin nicht jedes Farbfeld durch glatte Konturen abgrenzte. Zudem weisen die meisten Teilflächen mehr als nur eine einzige Farbe auf. So finden wir in den größeren wie auch in den kleineren Teilflächen weiche Übergänge von einer Farbe in die andere, von Blau zu Rosa, von dunklem Grün bis ins helle Rotbraun. Die Farbflächen sind oft kleinteilig durchgearbeitet, impressionistischen Farbstrukturen vergleichbar, die nicht aus einer einheitlichen Farbe, sondern aus einer Vielheit von winzig kleinen Farbelementen bestehen. Einer sorgfältigen Schraffierung ähnlich, sind innerhalb einer Teilfläche kleine, kurze Pinselstriche neben- bzw. ineinander gesetzt. Wir sehen hier meist schräg oder senkrecht in eine Richtung geführte, oder auch gelegentlich – wie z. B. beim Orange des Herbstlaubs – parallel zur geschwungenen Außenkontur in größeren Kurven die Richtung wechselnde Pinselstriche.

Von der Behandlung der Teilflächen weicht die Farbgestaltung der menschlichen Figuren und gegenständlicher Details in der Landschaft merklich ab. Hier wird die Abstraktion nicht so weit getrieben wie bei den Teilflächen beschrieben. Sie wirken dadurch in ihrer Detailtreue dem naturhaften Vorbild viel näher. Dies gilt bis zur Pinselführung, die hier im Gegensatz zu den Farbflächenzonen den weitgehend gegenständlichen Details folgt und nicht als Schraffierung sichtbar bleibt.

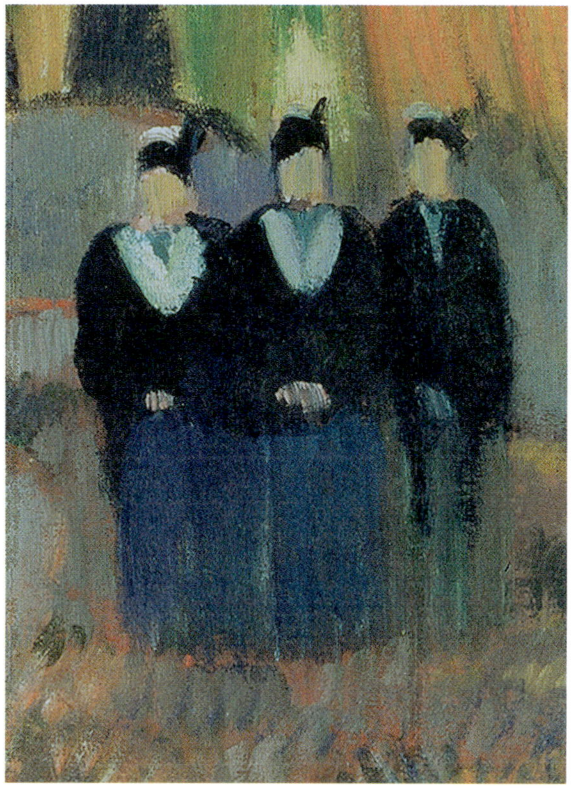
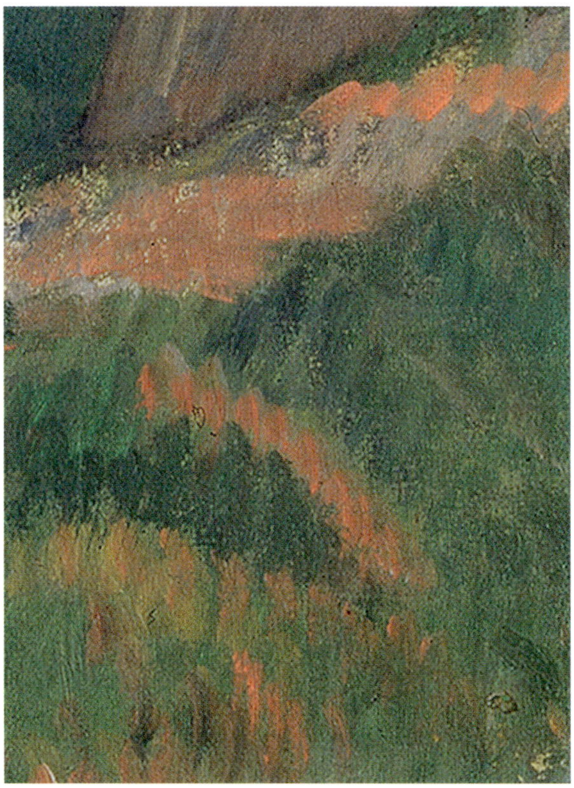
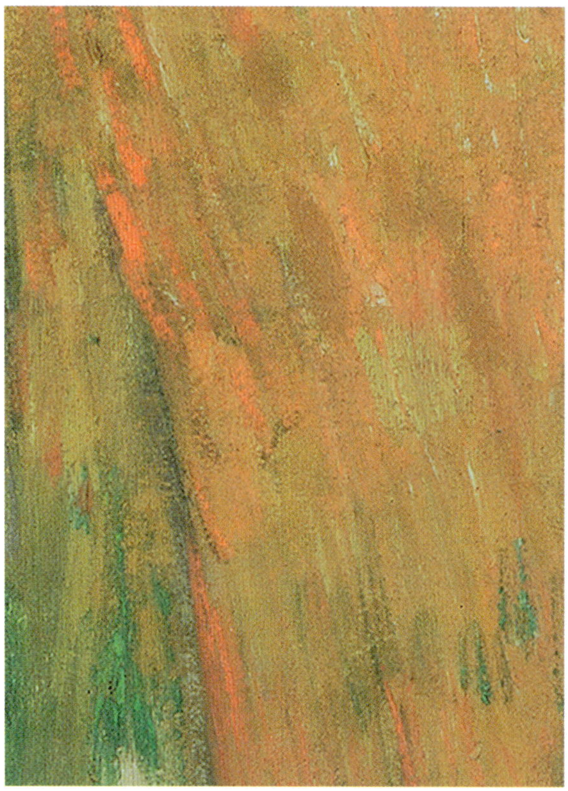

DER VERLUST DER UNSCHULD ODER FRÜHLINGSERWACHEN

In dem kurz vor Gauguins erstem Aufenthalt auf Tahiti entstandenen Gemälde wird die Einheit der abbildlichen Raumvorstellung durch die formale und durch die farbliche Abstraktion nahezu aufgehoben.

Es lässt sich kaum vorstellen, dass die weit ausgestreckt liegende Frauengestalt im Vordergrund und die äußerst kleinen Figuren des ländlichen Hochzeitszugs rechts im roten Feld ein und demselben Raumsystem angehören. Diagonal geführte Linien, die den Eindruck perspektivischer Raumtiefe erwecken und so eine Vermittlung der Vordergrundfigur mit den Figuren im Mittelgrund bilden könnten, sind weitgehend vermieden. Dagegen wird die Gliederung der Bildfläche von drei Horizontalen bestimmt, die kaum unterbrochen die ganze Bildfläche von Rand zu Rand durchqueren. Es findet sich keine Senkrechte oder Diagonale, die mehr als nur eine dieser Horizontalen überschneidet. Überdies wird der Weg, auf dem sich Leute befinden und der als einziges Element noch an eine Perspektivkonstruktion erinnert, in seiner Raumwirkung gemindert, indem sich der Wegrand rechts der Horizontalen nähert. Der Größenunterschied zwischen der Frauengestalt und den winzigen Figuren erscheint dadurch unvermittelt und

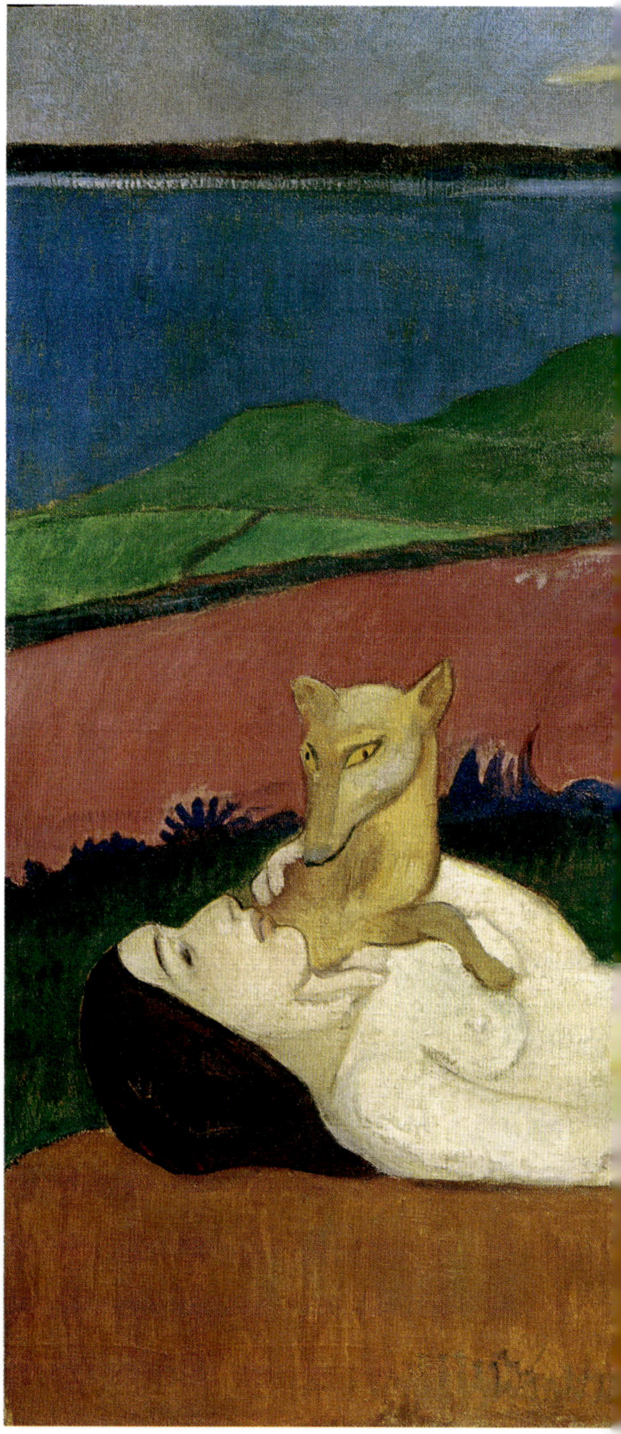

8 | Paul Gauguin
Der Verlust der Unschuld oder Frühlingserwachen, 1890-91

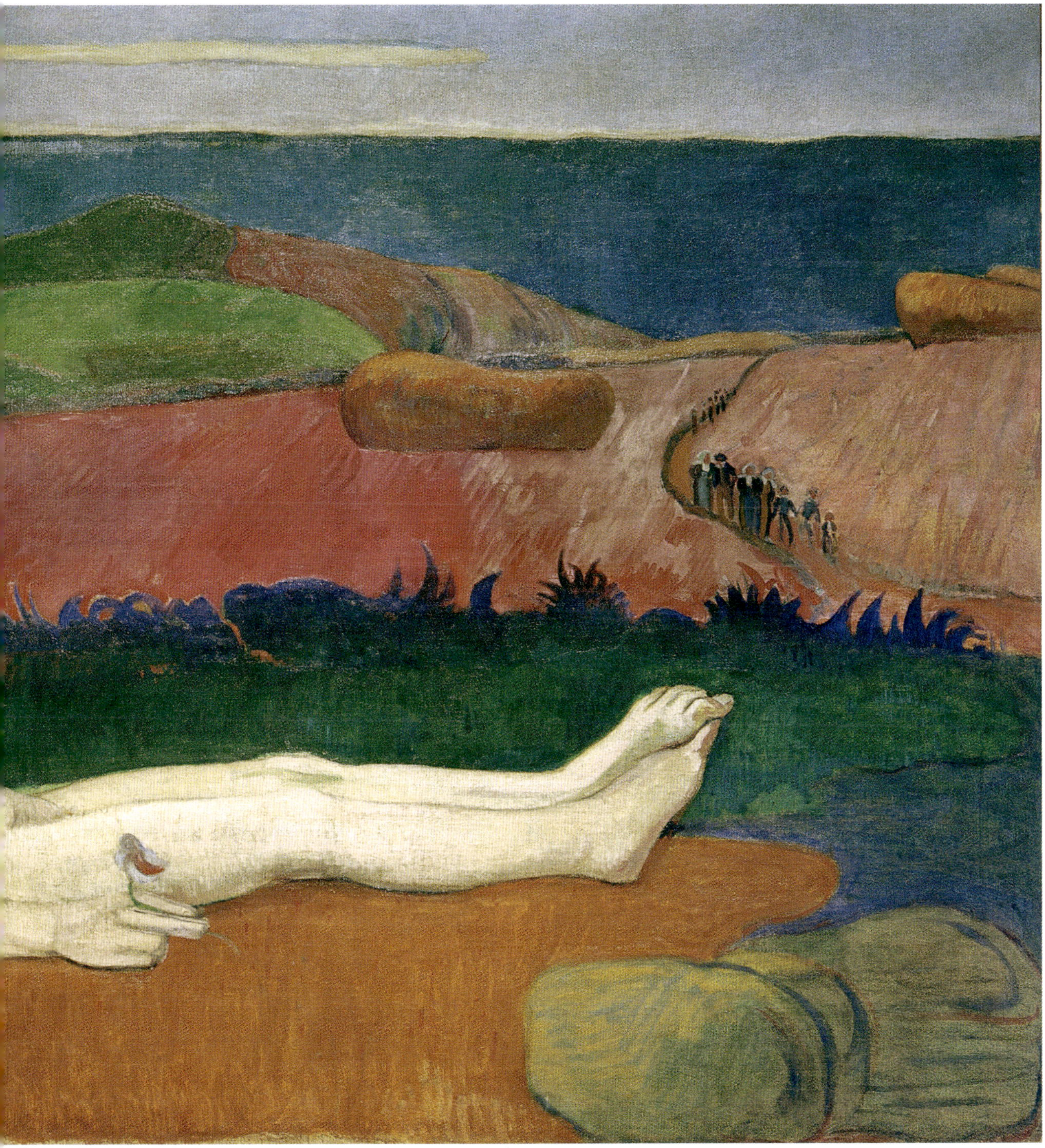

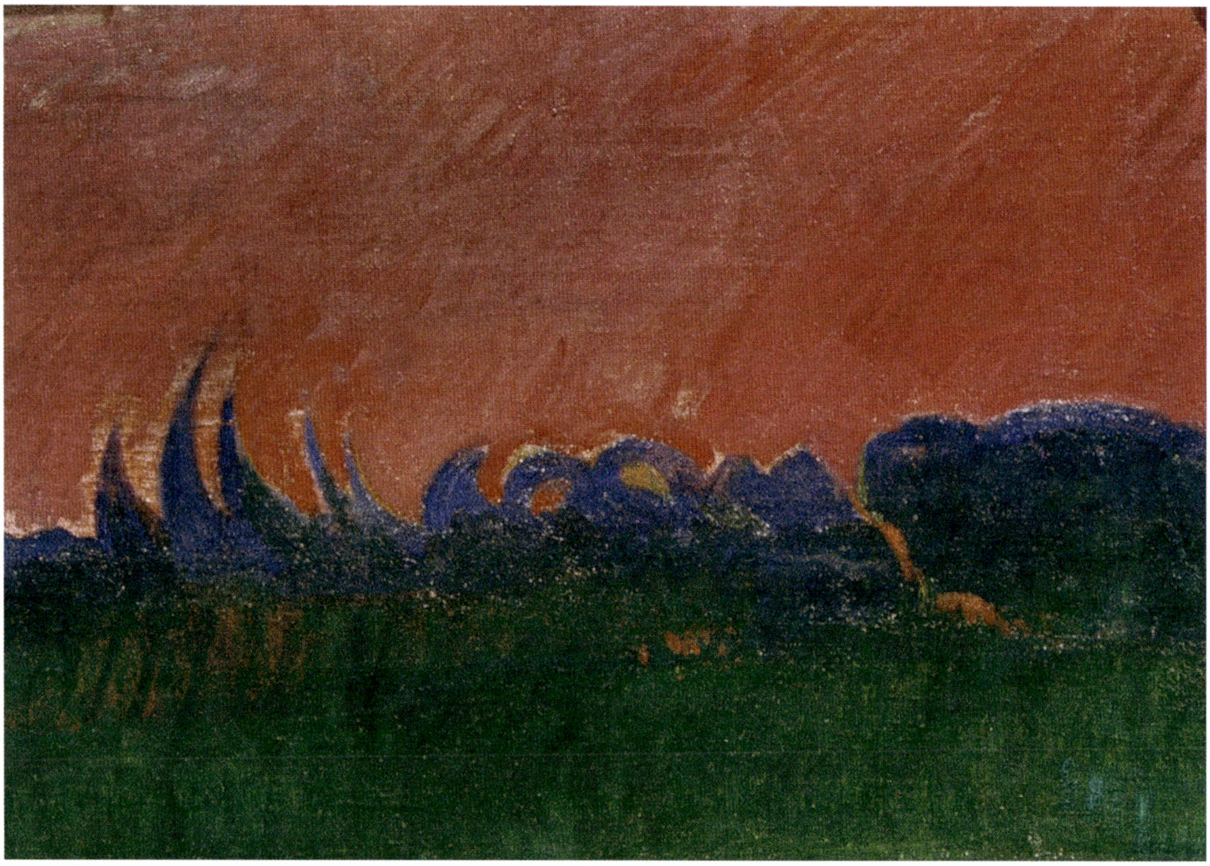

krass. Die weitgehend vereinheitlichten Farbflächenzonen schließen sich farblich streng voneinander ab: Sie sind in ihren Buntwerten nahezu gleich intensiv (abgesehen von der Zone am oberen Bildrand). Verweilt der Blick nur kurze Zeit in der Mitte der Bildfläche, so scheinen sich die Farbzonen insgesamt nicht räumlich hintereinander, sondern in der Bildfläche übereinander zu ordnen.

Bereits im Blick auf die „Bretonischen Tangsammlerinnen (II)" (S. 24-25) war zu bemerken, dass die Szene – entgegen aller Tendenz, die Einheit einer durchgängigen Raumvorstellung aufzuheben – nicht uneinheitlich wirkt. Auch bei „Der Verlust der Unschuld oder Frühlingserwachen" überwiegt der Eindruck der Einheit, obschon die Bildfläche hier noch weit mehr in einzelne, voneinander abgegrenzte Farb- und Formelemente zerlegt erscheint. Hier zeigen sich die einzelnen Farbwerte noch weiter von den Farben entfernt, die die natürliche Szene zeigen würde. Das Rot der Mittelzone wie auch das dunkle Grün der Zone darunter sind im Sinne Gauguins noch stärker übertrieben. Die Farbe wird weitgehend aus dem Zusammenhang der dinglichen Vorstellungen herausgelöst. Die Einheit der mimetisch-abbildlichen Vorstellungen scheint verlorenzugehen. Ebenso scheint auch die Bildfläche in einzelne Elemente zerlegt. Die vereinzelten Farbelemente wirken jedoch als Teile vom Ganzen der farbigen Bildfläche. An die Stelle der mimetisch-abbildlichen Einheitsvorstellungen tritt die Farbe als die stärkste einheitsstiftende Kraft des Bildes. Nicht die dinglichen Vorstellungen, sondern das Zusammenspiel der einzelnen Farbelemente bringt die Einheit des Bildganzen zur Evidenz. Die Farbe wird so zum Träger der bildlichen Einheit.

Die beschriebenen künstlerischen Maßnahmen kennzeichnen die gänzlich eigene Bildform, die Gauguin in den Jahren 1888 bis zum Frühjahr 1891 gefunden hatte. Diese charakterisieren ebenso sein späteres Werk. Verglichen mit der wandlungsreichen Entwicklung dieser Bildform seit seiner Lehrzeit bei Pissarro 1874 erfuhr seine Malerei auf Tahiti und zuletzt auf den Marquesas keine grundsätzliche Veränderung mehr. Sie bewegte sich seitdem innerhalb der selbst gesteckten Grenzen. Dort aber entfaltete Gauguin erst die Fülle der Gestaltungsmöglichkeiten, die ihm diese Bildform erschloss. Denn sie beschrieb kein starres System, sondern entsprach einer offenen Form, in der er die Wirkungen seiner Bilder steigern und vertiefen konnte.

Es kennzeichnet die weitere Malerei Gauguins, dass er in den verschiedenen Bildlösungen die einmal gefundenen figürlichen und gegenständlichen Detailfiguren mit bestimmter Haltung, wie zum Beispiel eine bestimmte Baumgruppe, immer wieder verwendete. Die Fülle der verschiedenen Lösungsmöglichkeiten ergibt sich aus der immer neuen Gestaltung des farbigen Zusammenhangs, in den Gauguin die dinglichen Gebilde stellte. Immer wieder neu versuchte er, die Möglichkeiten der Farbe auszuloten. Dabei entstand jedoch keine stetige oder gar systematisch fortschreitende Entwicklungsreihe. Gauguin malte eine Bilderfülle, in der jedes Bild eine eigene Lösung bedeutet und sich zugleich in die Gemeinsamkeit des Gesamtwerks einfügt. Die folgenden Beobachtungen werde ich mit Ihnen daher unabhängig von der Chronologie besprechen und versuchen, Sie anhand einzelner Bildlösungen exemplarisch auf verschiedene Momente der Farbgestaltung aufmerksam zu machen. Zu beachten ist dabei, dass viele dieser Wirkungen nur am Original zu beobachten und zu überprüfen sind. Diese werden zudem nicht immer auf den ersten Blick bemerkt, da manche dieser Wirkungen ein konzentriertes Hinsehen erfordern. Sie werden es mir daher nachsehen müssen, dass die Formulierung solcher Beobachtungen Gefahr läuft, das als ein Faktum anzusprechen, was oft nur Tendenz ist. Zwangsläufig werde ich deshalb zuweilen das nacheinander in Worte bringen müssen, was Sie beim Anschauen gleichzeitig, in mehreren sich überlagernden Ebenen erfahren können.

FARBRAUM

LANDSCHAFT MIT PFAUEN (MATAMOE)

Bei seinen Landschaftsbildern wahrt Gauguin auch noch auf Tahiti die klassische Gliederung des dargestellten Raums in Vorder-, Mittel- und Hintergrund. Die Buntwerte der Farben heben nicht die Raumwirkung auf, sondern wirken dieser zuweilen sogar entgegen.

Dieses Gemälde zeigt kleine, hellrote Farbsetzungen nahe der Mitte des unteren Bildrandes, die als unmittelbar vorn empfunden werden. Denselben Farbton zeigt der kleine Acker, auf dem der Mann mit dem erhobenen Beil steht. Der Farbton kehrt wieder am Abhang in der Bildmitte neben dem Giebel des kleinen Hauses und nochmals weiter oben rechts an den Felsen. Verdeckt man die obere Bildhälfte, so springen die unteren Rotakzente deutlicher nach vorne. Deckt man den unteren Teil zu, so wirken die Rotwerte des Hintergrunds ebenfalls wie ein Vordergrund. Wendet man ihn zur Bildmitte auf das Rot hinter der Spitze des Hausgiebels und beruhigt den Blick für kurze Zeit, dann heben sich schließlich alle tiefenräumlichen Vorstellungen auf.

Es ist eine Frage der längeren Beobachtung, um zu bemerken, dass die starken Farben die perspektivischen Raumvorstellungen nicht nur aufheben, sondern die Tiefe zur bunten Fläche und dadurch zum Farbteppich steigern. Diese kann so wiederum räumlich wirken, ohne dass dabei eine feste Verortung der verschiedenen Bildgründe zu gewinnen wäre.

9 | Paul Gauguin, **Landschaft mit Pfauen (Matamoe)**, 1892

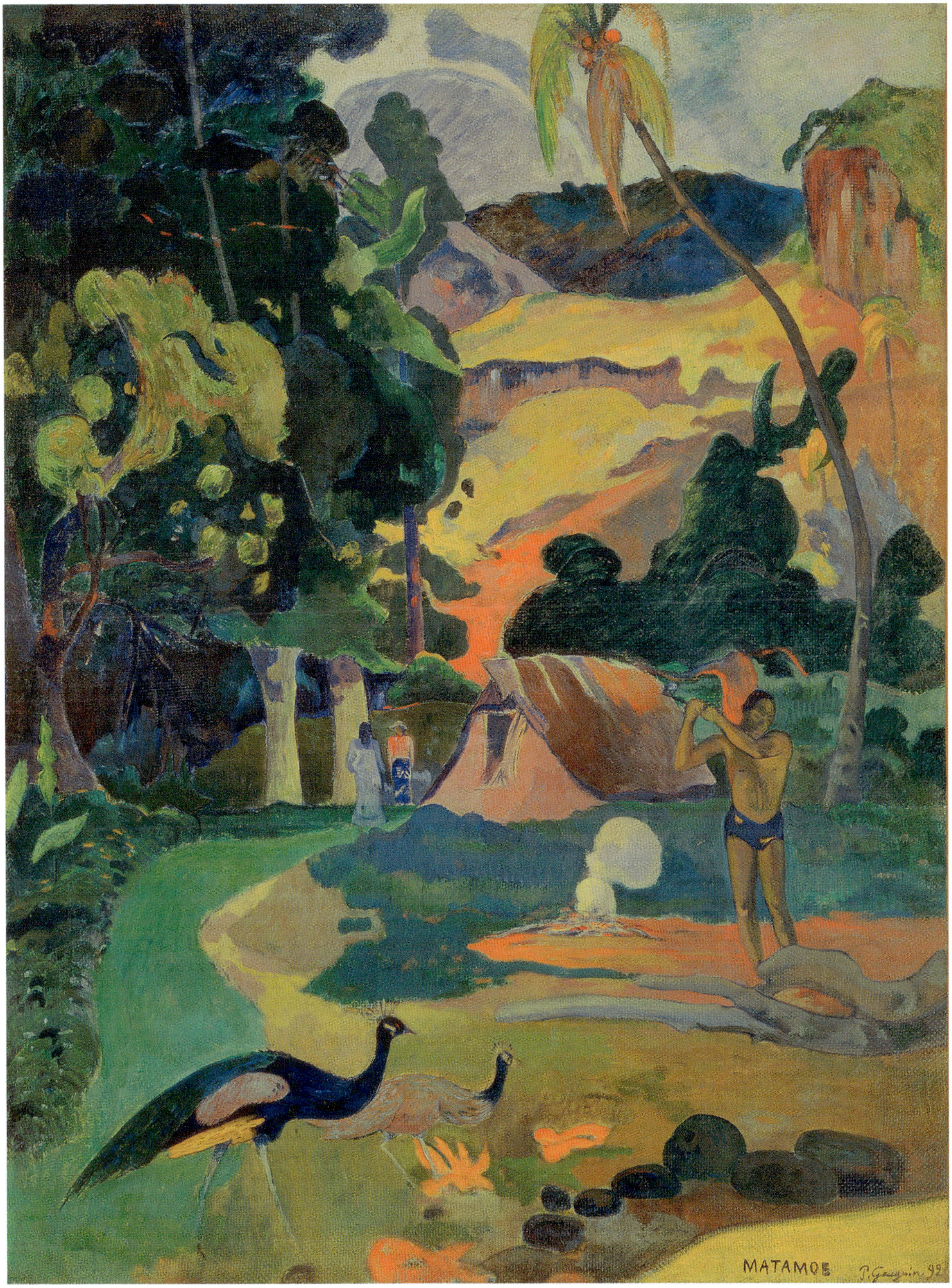
MATAMOE
P. Gauguin 92

STRASSE AUF TAHITI

Der rote Akzent, auf den der Weg in den Hintergrund der Bildmitte zuführt, kann nach eingehender Betrachtungszeit den Raumeindruck für Augenblicke umkehren, indem er sich entgegen jeder klaren Perspektivgeometrie unversehens nach vorne drängt.

In den nachfolgenden Bildern ist zu beobachten, wie die Farben bestimmter Bildzonen den Raumbezug einzelner Figuren fraglich machen oder sogar völlig aufheben.

10 | Paul Gauguin, **Straße auf Tahiti**, 1891

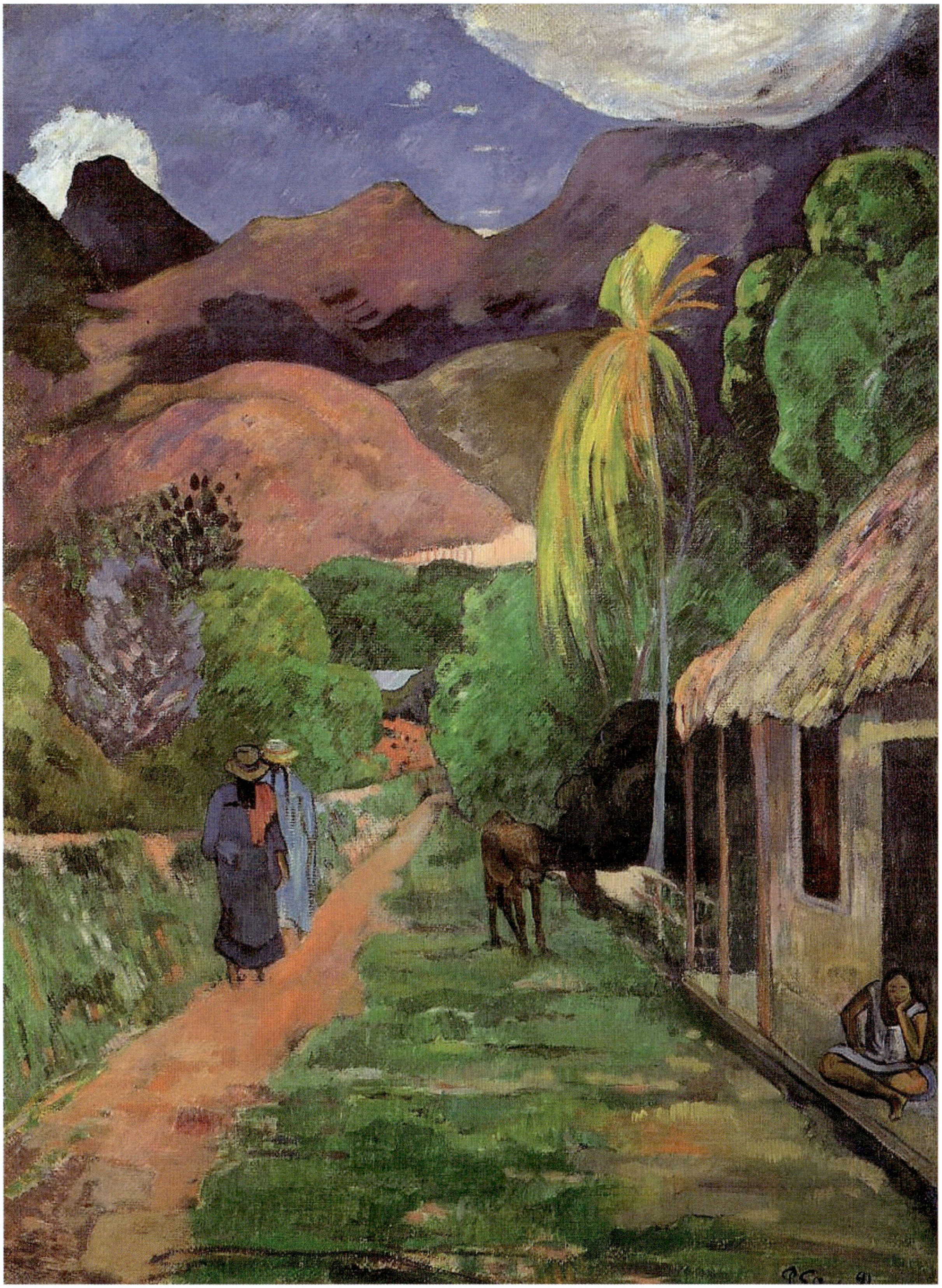

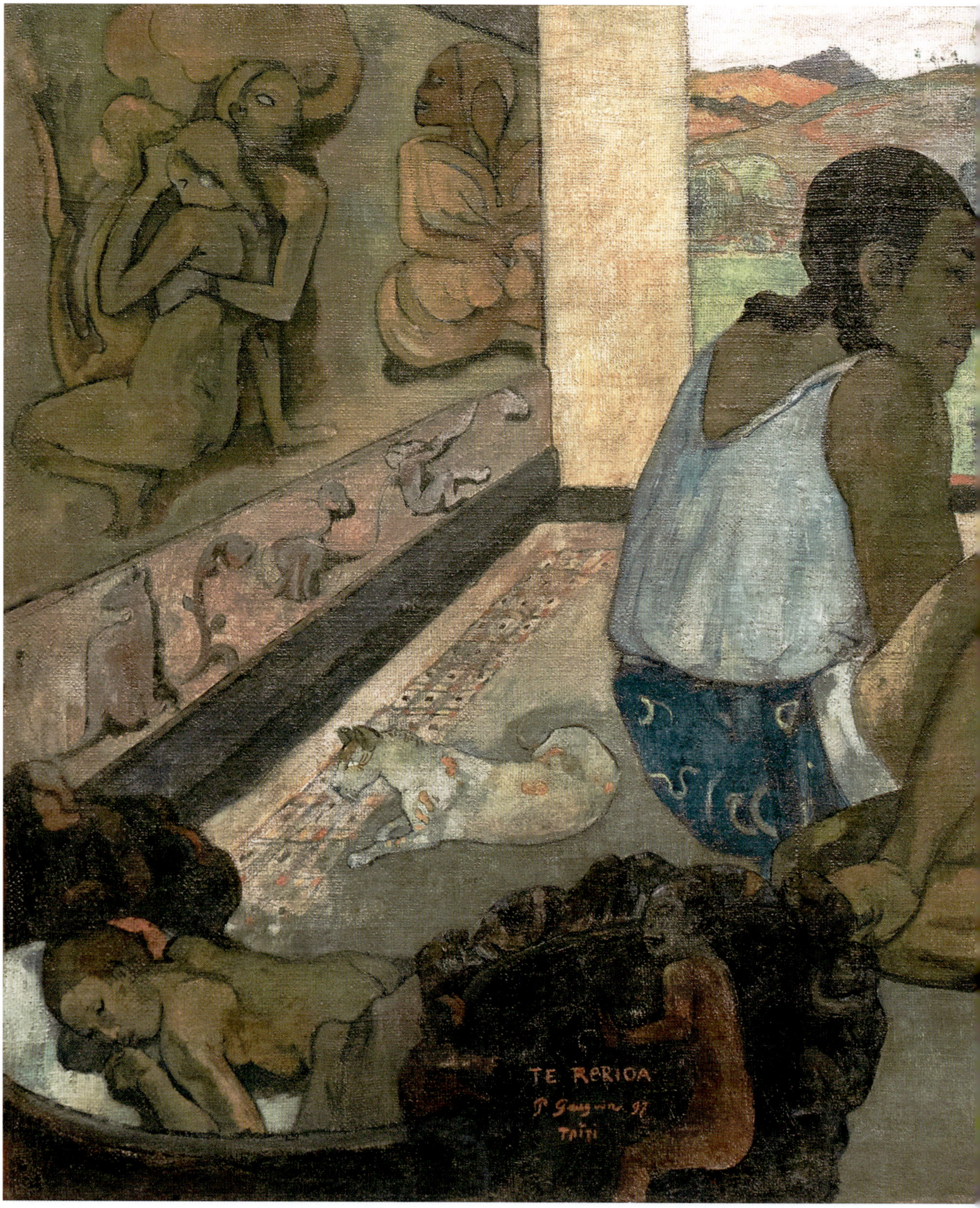
TE RERIOA
P Gauguin 97
TAITI

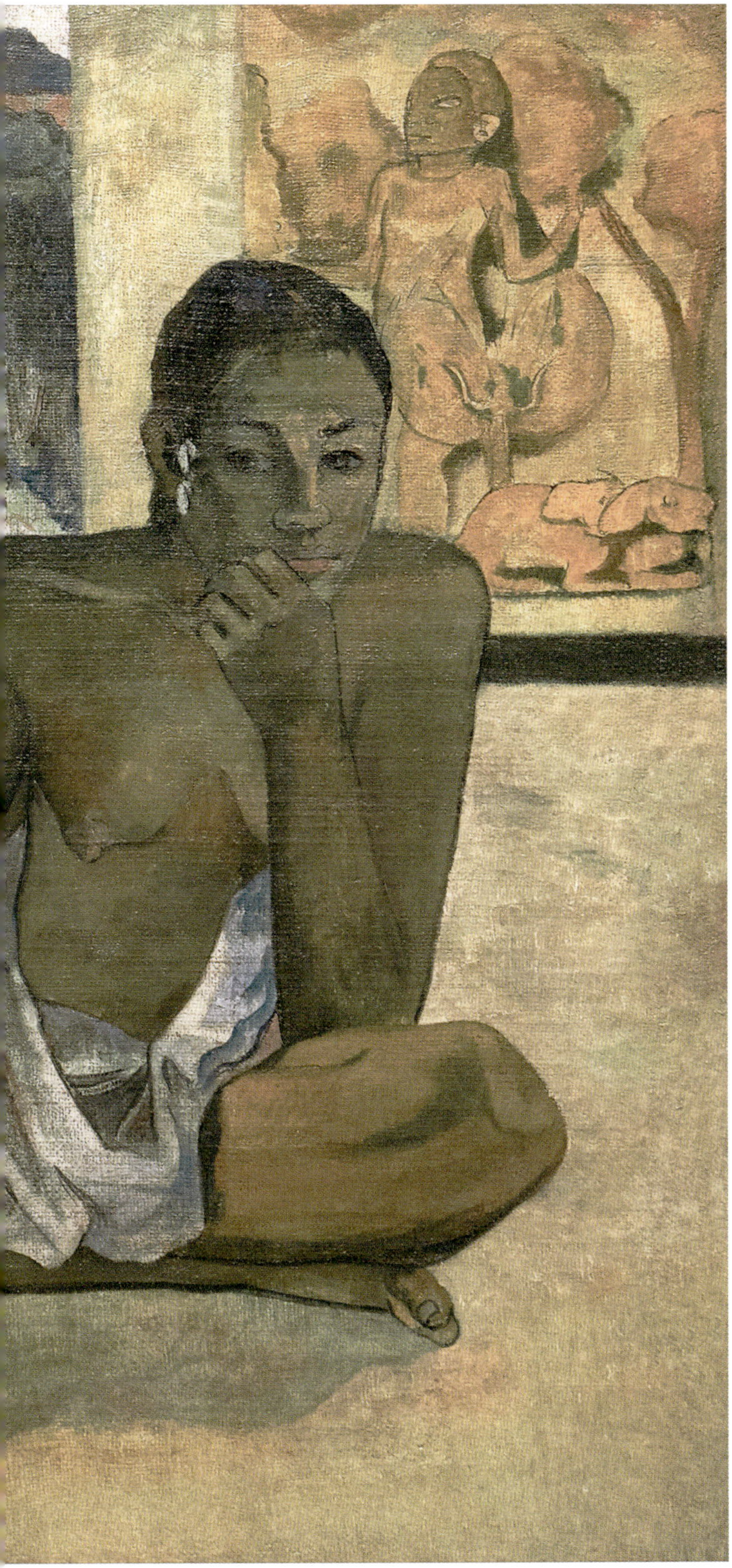

DER TRAUM

Zwei Frauen sitzen auf dem gelb schimmernden Fußboden eines Innenraums. Achtet man verstärkt auf den dunkel abgesetzten Winkel, der die Bodenfläche links hinten begrenzt, so scheinen die Figuren fest in der Raumperspektive verankert zu sein. Beachtet man jedoch eine Zeitlang den rechten Bildrand und lässt das Gelb neben der Silhouette von Arm und Knie der rechten Frauengestalt zur Wirkung kommen, so ändert sich der Raumeindruck: Das Gelb hebt sich in die Bildfläche und es wirkt die sitzende Gestalt, als verlöre sie ihren Platz auf dem Boden und schwebe – von jeder Schwere frei – inmitten des Farbfelds. Die häufig wiederkehrenden, gelb leuchtenden Flächen lassen auch in anderen Bildern die Stelle einer Bildfigur innerhalb der Raumperspektive ungreifbar werden.

11 | Paul Gauguin
Der Traum (Te rerioa), 1897

WIE! DU BIST EIFERSÜCHTIG?

Wie im zuvor besprochenen Gemälde werden auch hier Bildfiguren innerhalb der Raumperspektive ungreifbar. Schaut man lediglich auf die kräftigen Gestalten, deren grau-schwarze Verschattungen den Eindruck einer massiv-plastischen Körperlichkeit wecken, so scheinen diese ihr eigenes Gewicht und einen klar bestimmbaren Platz am Boden zu haben. Achtet man jedoch auf das helle Rosa der Bodenfläche, so scheinen auch diese Figuren zu schweben. Und auch hier wirkt ein Rot in der Mitte des unteren Bildrands als ein Wert, der beim Betrachten Nähe entstehen lässt. Ebenso wirkt ein zweiter Akzent aus dem gleichen Rot, das den Schoß der hinteren Gestalt bedeckt – und damit weiter hinten gedacht werden muss. Dieser drängt in seiner Farbwirkung nach vorn und wirkt so auch hier jeder Perspektive entgegen.

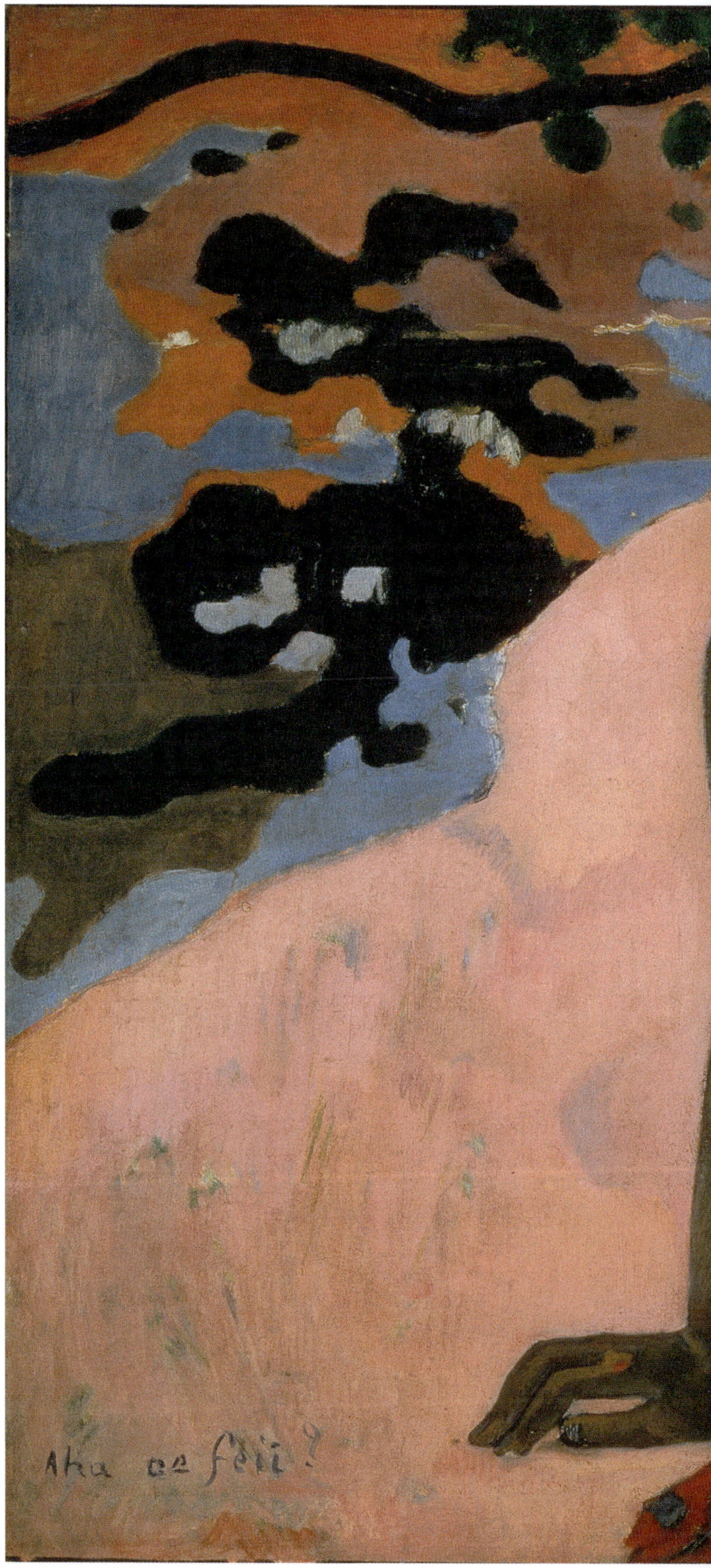

12 | Paul Gauguin
Wie! Du bist eifersüchtig? (Aha oe feii?), 1892

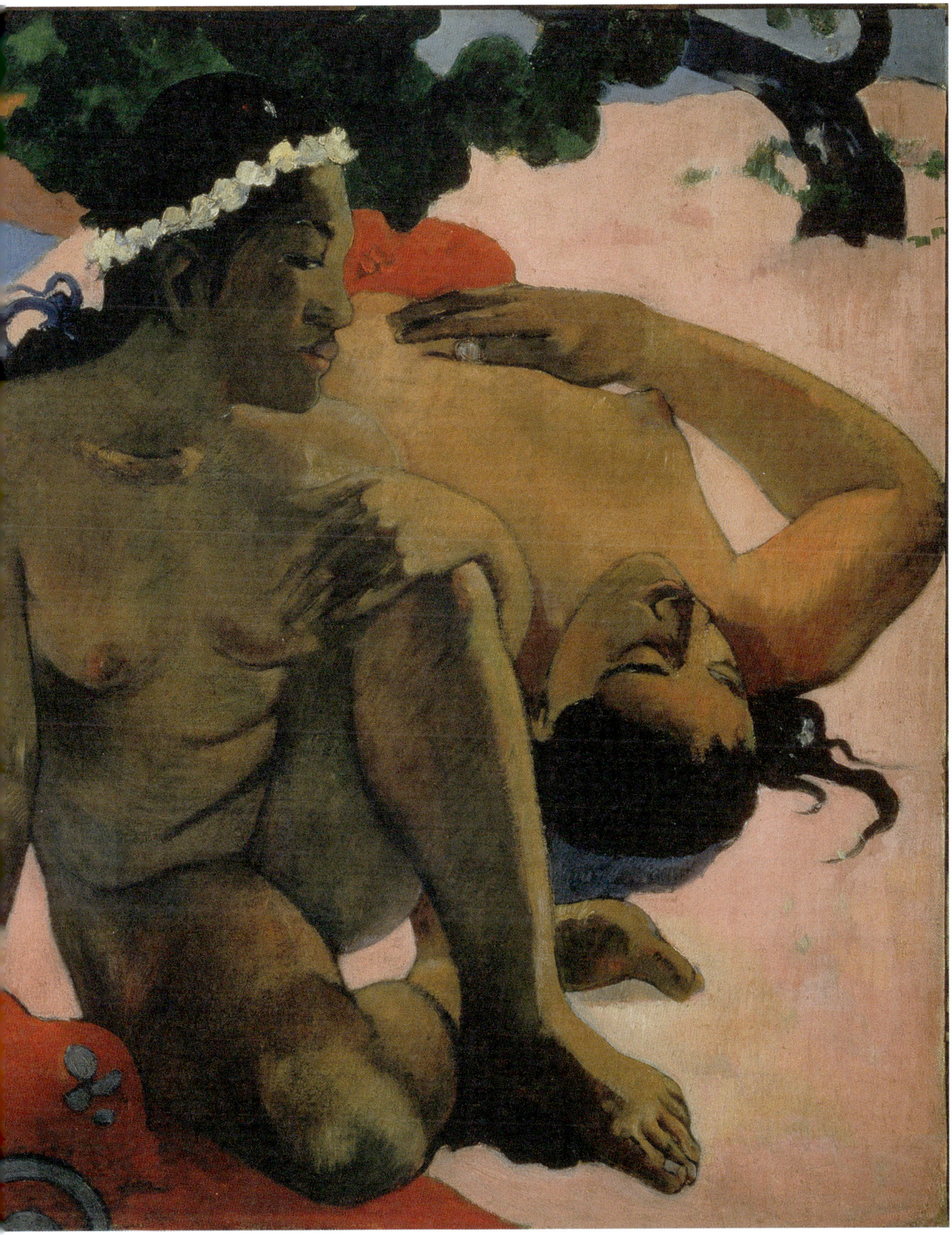

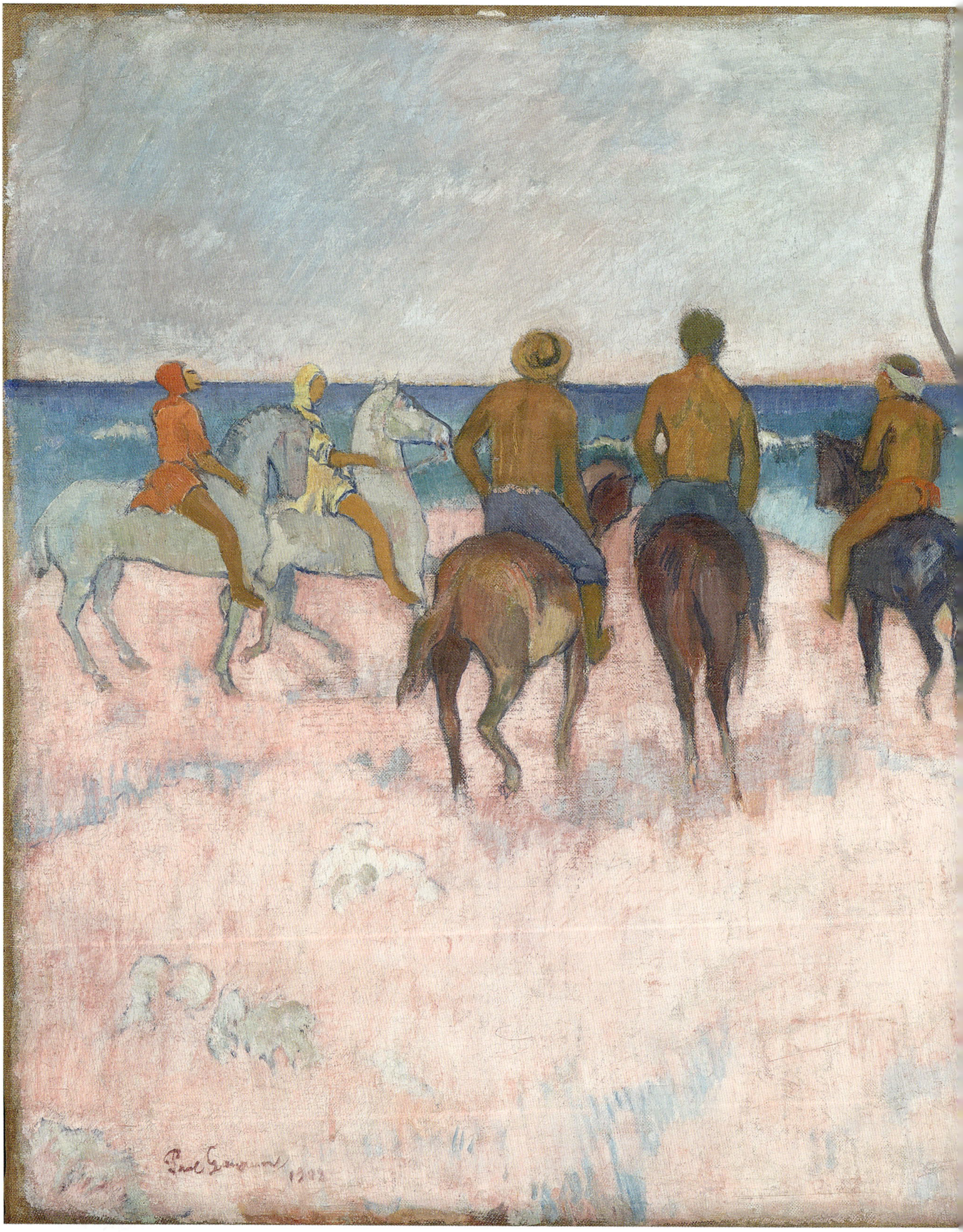

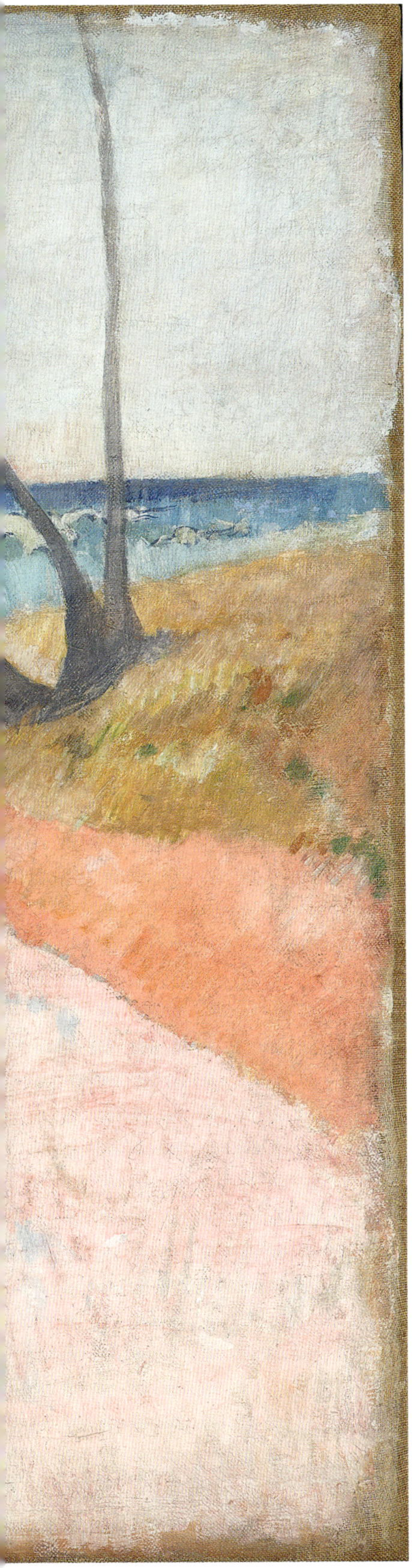

REITER AM STRAND

Ähnliches lässt sich beobachten in „Reiter am Strand". Auf der großen hellrosafarbenen Strandfläche befinden sich Reiter, deren Standort auf den ersten Blick klar zu erkennen ist. Die Umrisse der meisten Hufe sind jedoch nach unten zunehmend verwischt – sie gehen in die Struktur der Grundfarbe über. Damit bleiben die Fußpunkte uneindeutig, selbst wenn man die Strandfläche perspektivisch sieht. Konzentriert sich der Blick jedoch auf das vielfältig gebrochene Rosa der Standfläche am unteren Bildrand, so hebt sich auch hier die Farbe in die Ebene der Bildfläche. Folglich scheint den Reitern für Augenblicke jeder Raumbezug zu fehlen.

Perspektivraum und Farbraum kongruieren hier also nicht wie beim gewohnten Blick in die Natur, sie fallen im Bilde nicht ständig zusammen. Zwischen gegenständlichen Raumassoziationen und konkreten Farbwirkungen, die sich einmal flächig und dann wieder räumlich geltend machen, ergibt sich eine Offenheit. In dieser wird der Wechsel zwischen dinglichen Raumvorstellungen und der Raumwirkung aus der Farbe in der Anschauung als ein Prozess erfahrbar. Das besondere Verhältnis, das sich in dieser Art zwischen den Wirkungen des Dingraumes und der Raumwirkungen der Farbe zeigt, kündigt zugleich ein besonderes Verhältnis zwischen den dargestellten Dingen und den freien Farbwirkungen an.

Deutlich ist zu beobachten, wie Gauguin die Farben und gegenständlichen Formen so verbindet, dass sie sich in der Bildfläche zu übergreifenden Formen zusammenschließen.

13 | Paul Gauguin, **Reiter am Strand (I)**, 1902

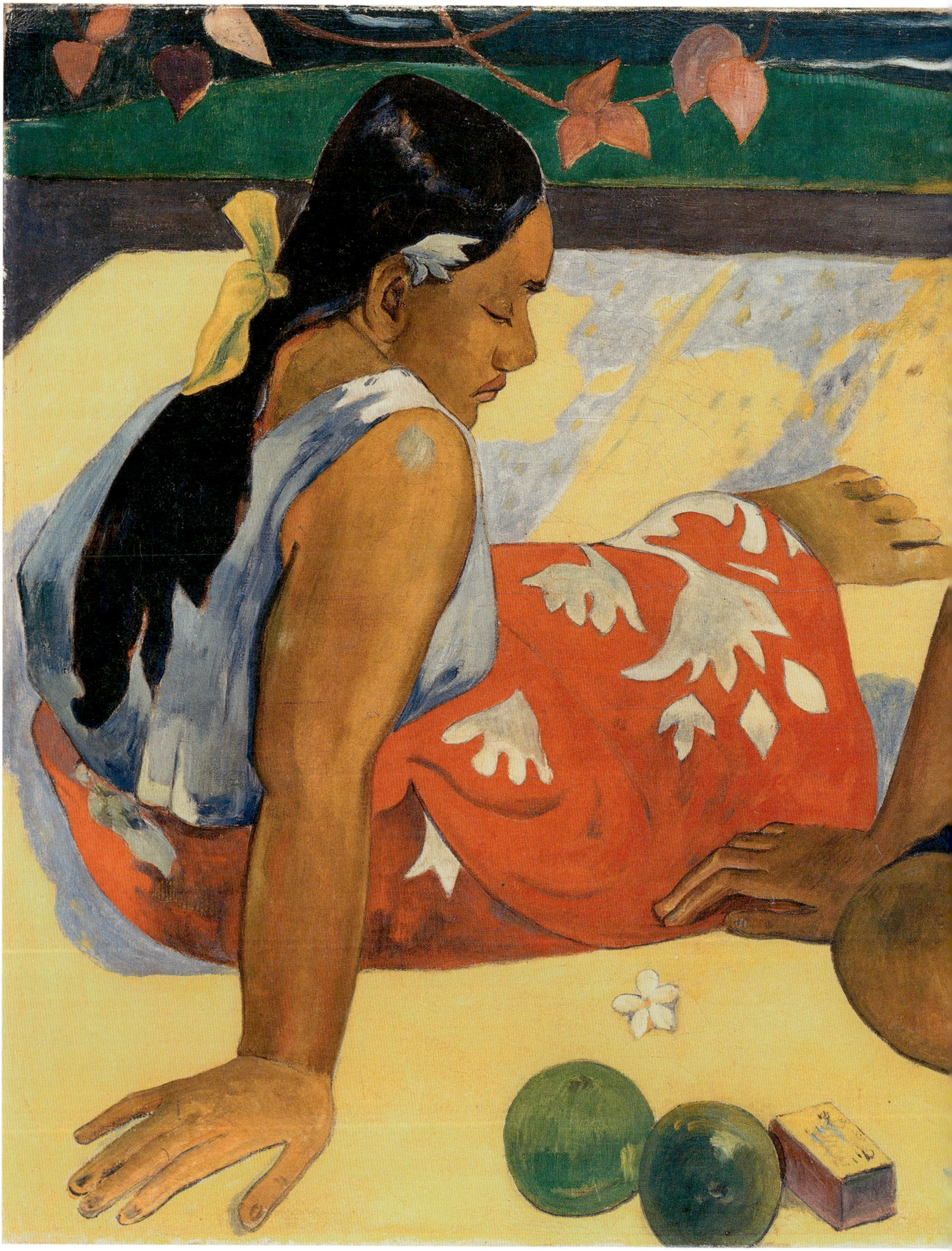

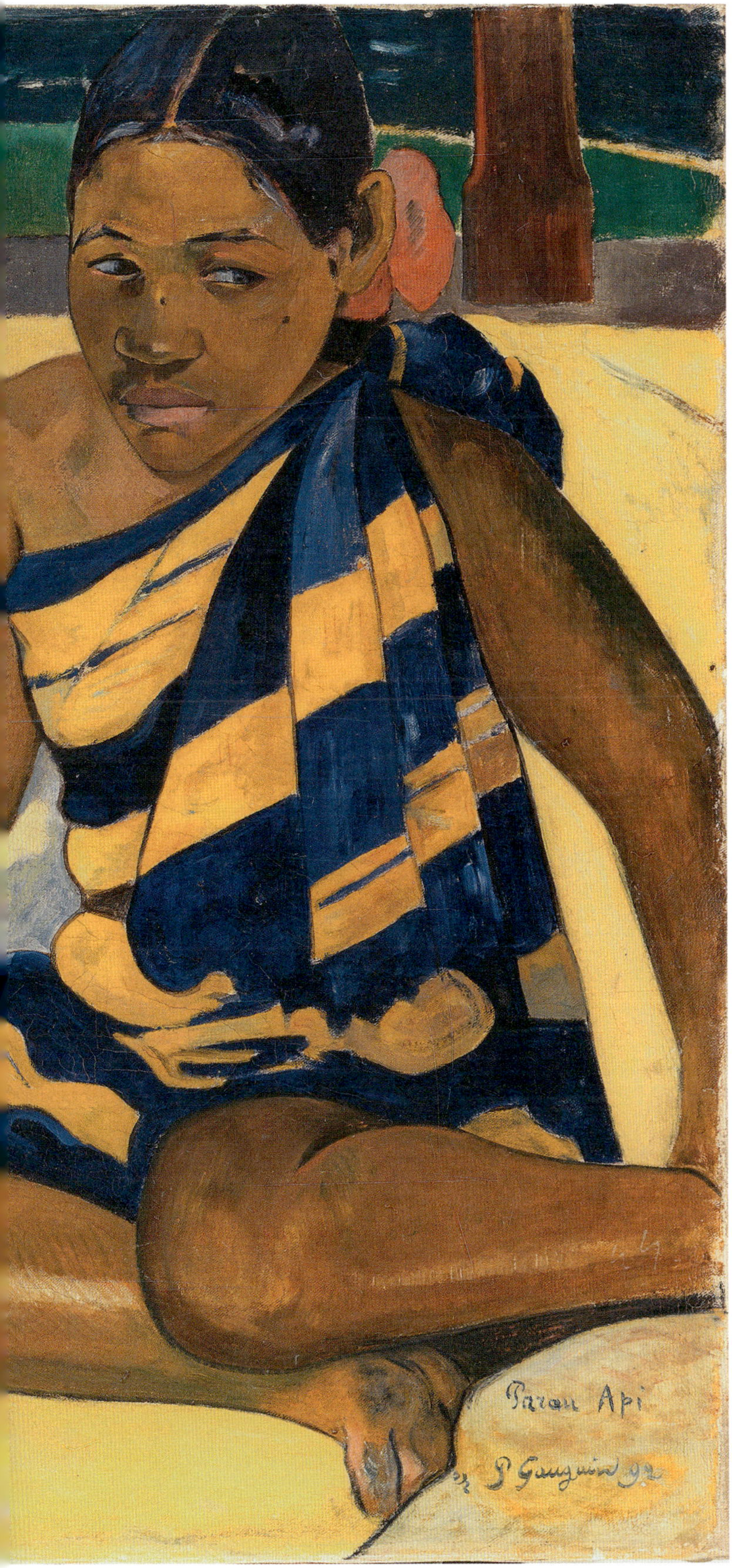

GIBT'S WAS NEUES?

Das Gemälde zeigt große Blumen und Streifen auf den Stoffen der Frauen, die bei konzentriertem Betrachten Eigenwert gewinnen und wie Muster der Bildfläche wirken können. Sie befreien sich von ihrer gegenständlich definierten Funktion und werden zu relativ freien Farbmustern der Bildfläche.

14 | Paul Gauguin
Gibt's was Neues? (Parau api), 1892

DIE HEILIGE QUELLE: SÜSSE TRÄUME

Verstärkt treten die von ihrer gegenständlichen Funktion befreiten Farbmuster auf, in denen Gauguin ferne Hügel, Wald- oder Wiesenstücke, Wolken oder farbige Strand- und Erdflächen in glatt umrandete, frei schwingende, überwiegend horizontal gestreckte Rundungen einfasst.

Dieses Bild zeigt solche Formen im dunklen Rasenstück, auf dem die beiden Frauen im Vordergrund sitzen, nach rechts bis zum Hintergrund.

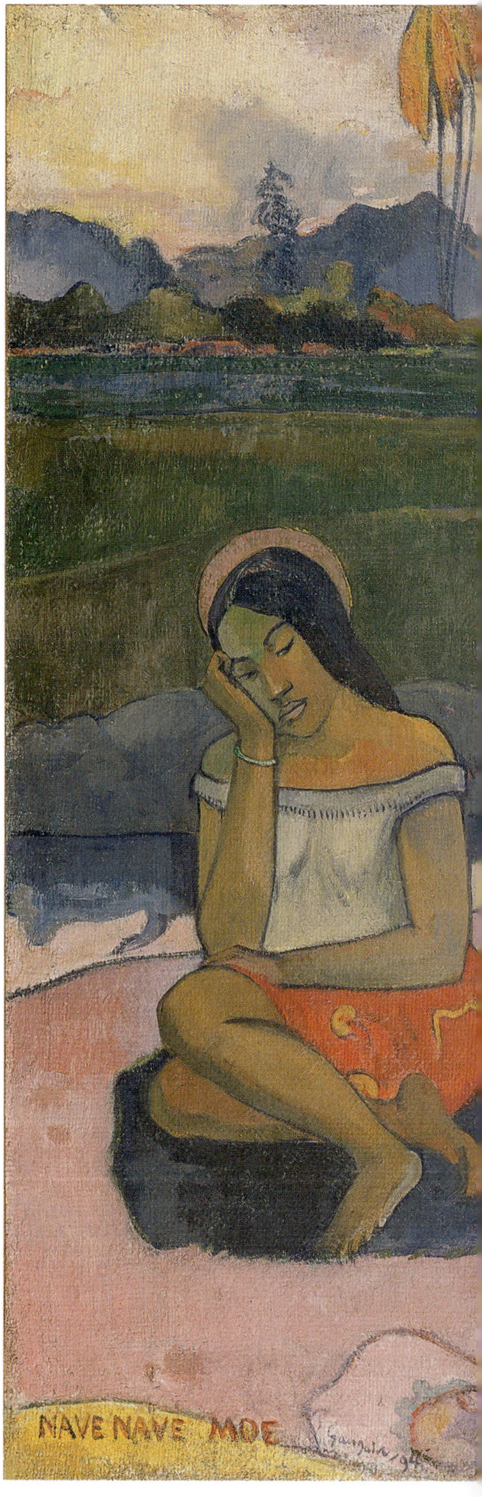

15 | Paul Gauguin
Die heilige Quelle: Süße Träume (Nave nave moe), 1894

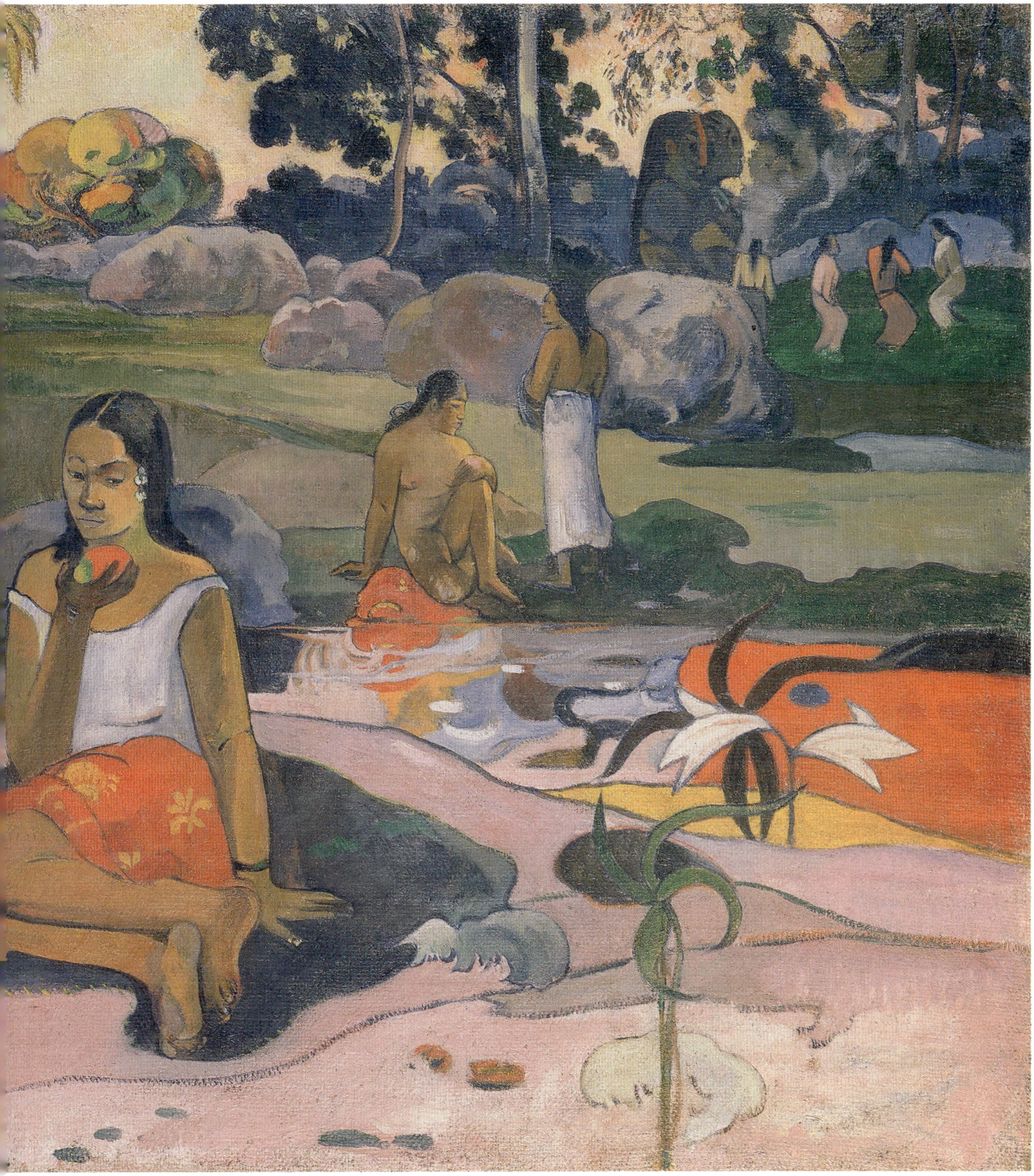

DER TAG GOTTES

Hier werden die zuvor beobachteten vereinzelten Formen sogar bildbestimmend. Sie füllen den gesamten Vordergrund.

Betrachtet man die Vordergrundzone für sich, zeigen sich farbige Flächenformen, die sich in ihrer Gestaltung nicht mehr gegenständlich bestimmen lassen. Gelb, Orange, Blau, Grün, Rot – die Gebilde erscheinen ohne die Gestalten und die Vorstellung von einer Landschaftsszene wie etwa Wasserflächen, auf denen Blumen schwimmen als freie, glatt gekurvte Farbformen, die sich in der Fläche des Bildes ineinander fügen, überlappen oder voneinander trennen. Sie scheinen dabei nicht an feste Regeln gebunden zu sein. Solche Formen konnten wir bereits in der linken oberen Ecke des Bildes „Wie! Du bist eifersüchtig?“ (S. 42-43) beobachten.

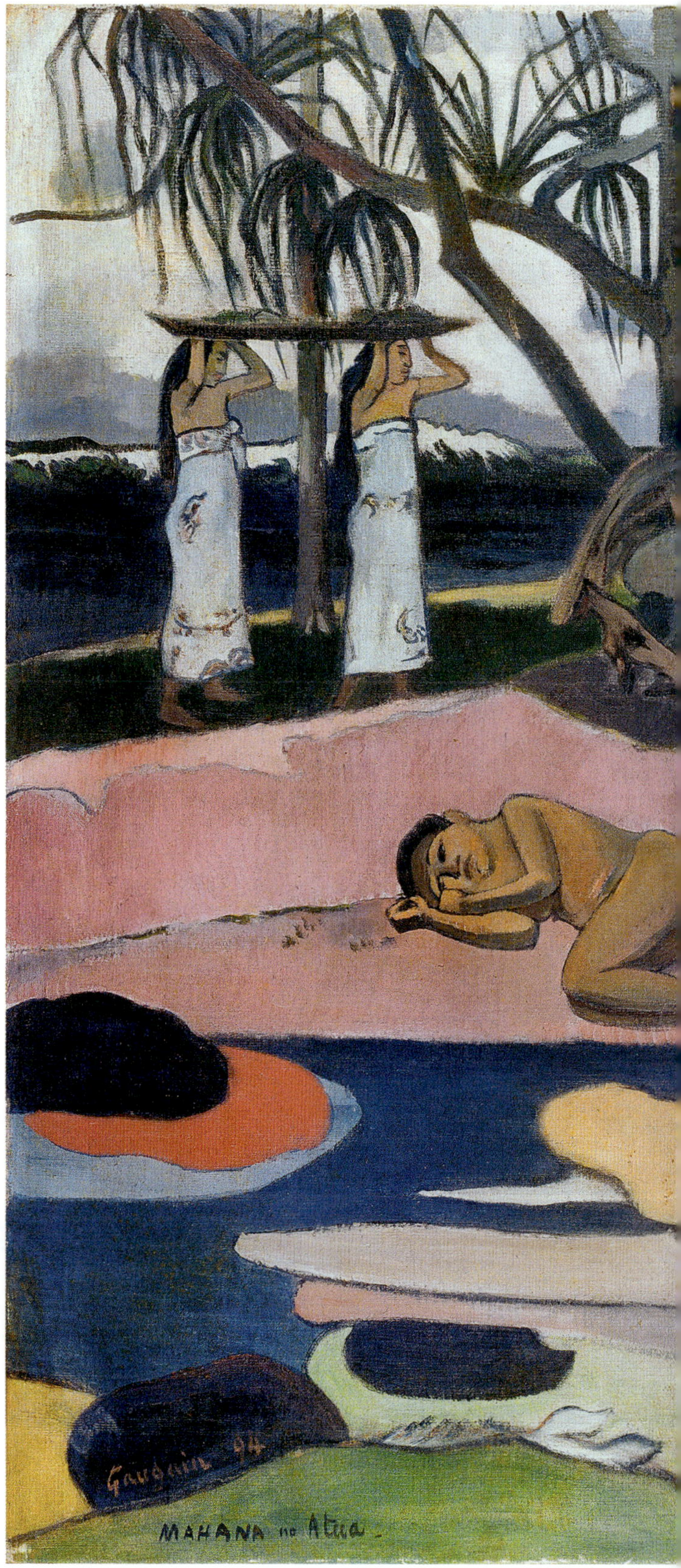

16 | Paul Gauguin,
Der Tag Gottes (Mahana no Atua), 1894

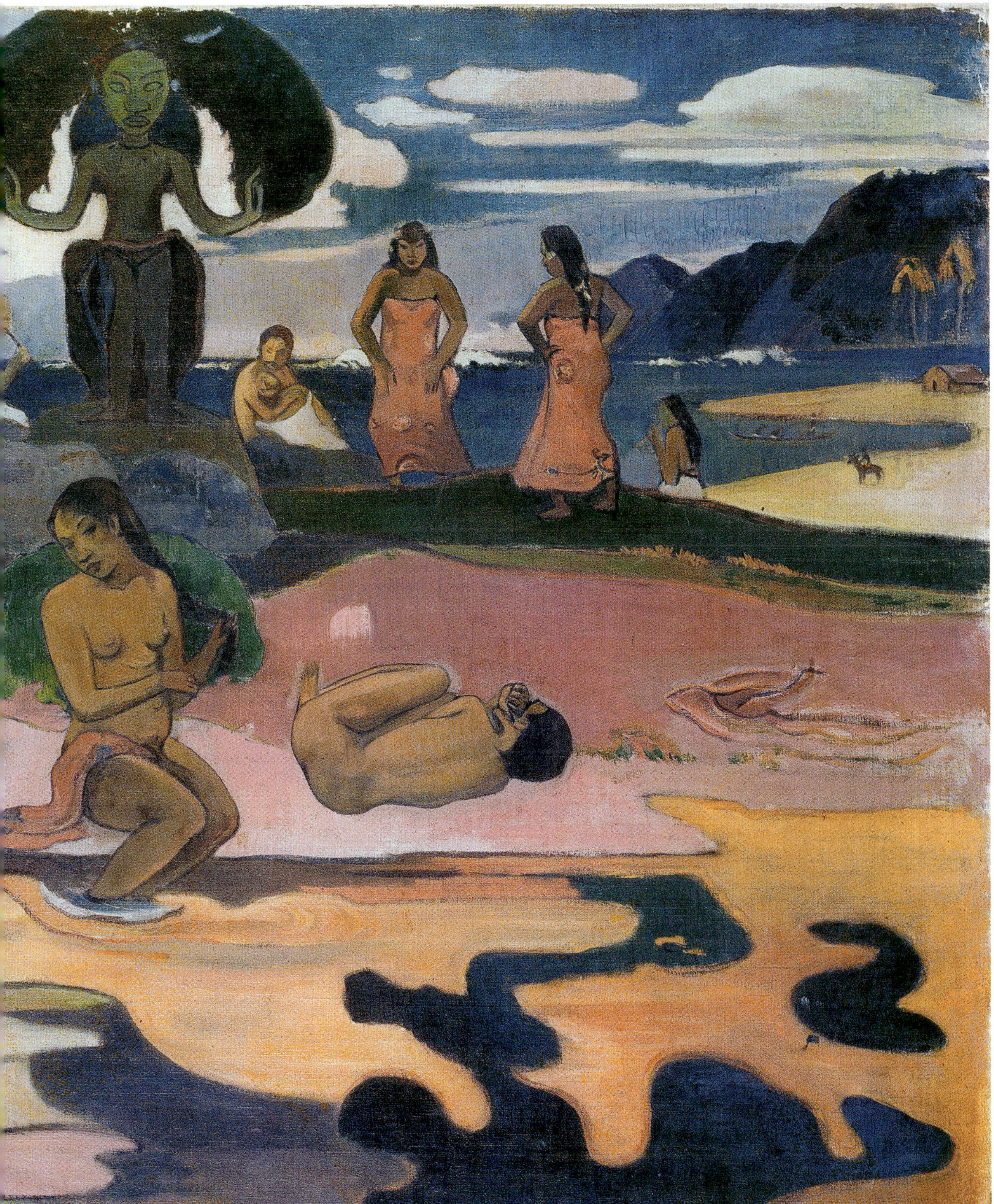

FRAUEN AM MEERESUFER

Sieht man hier versuchsweise von den drei großen Vordergrundfiguren ab, zeigt sich der gesamte Hintergrund als dinglich nicht festgelegte Farbform, die nur durch die kleinen, eingefügten Figuren einen Gegenstandsbezug erhalten kann. Die freien Farbformen finden sich auf diese Weise nur noch lose an eine gegenständlich-räumliche Vorstellung geknüpft.

Gauguins Farbformen lassen bei aller Verfremdung immer die Assoziationsmöglichkeit mit den Dingen zu, legen die Assoziationen jedoch nicht mehr fest. Durch diese Offenheit bewegt sich Gauguin mit seinen Farbformen auf der Grenze der dinglichen Bestimmung zur Gestaltung der reinen, anschaulichen Farbgegebenheit.

17 | Paul Gauguin
Frauen am Meeresufer (Mutterschaft I), 1899

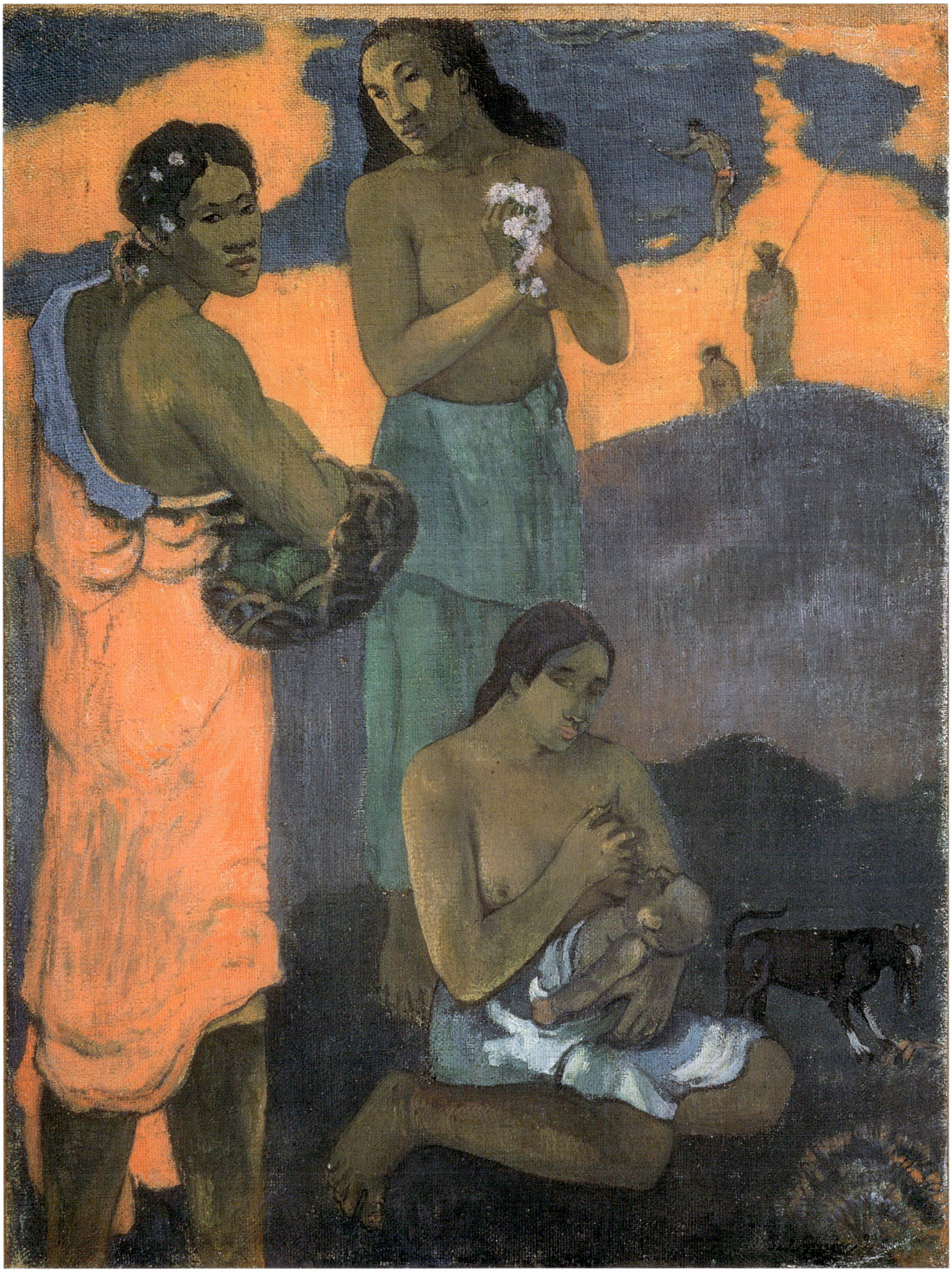

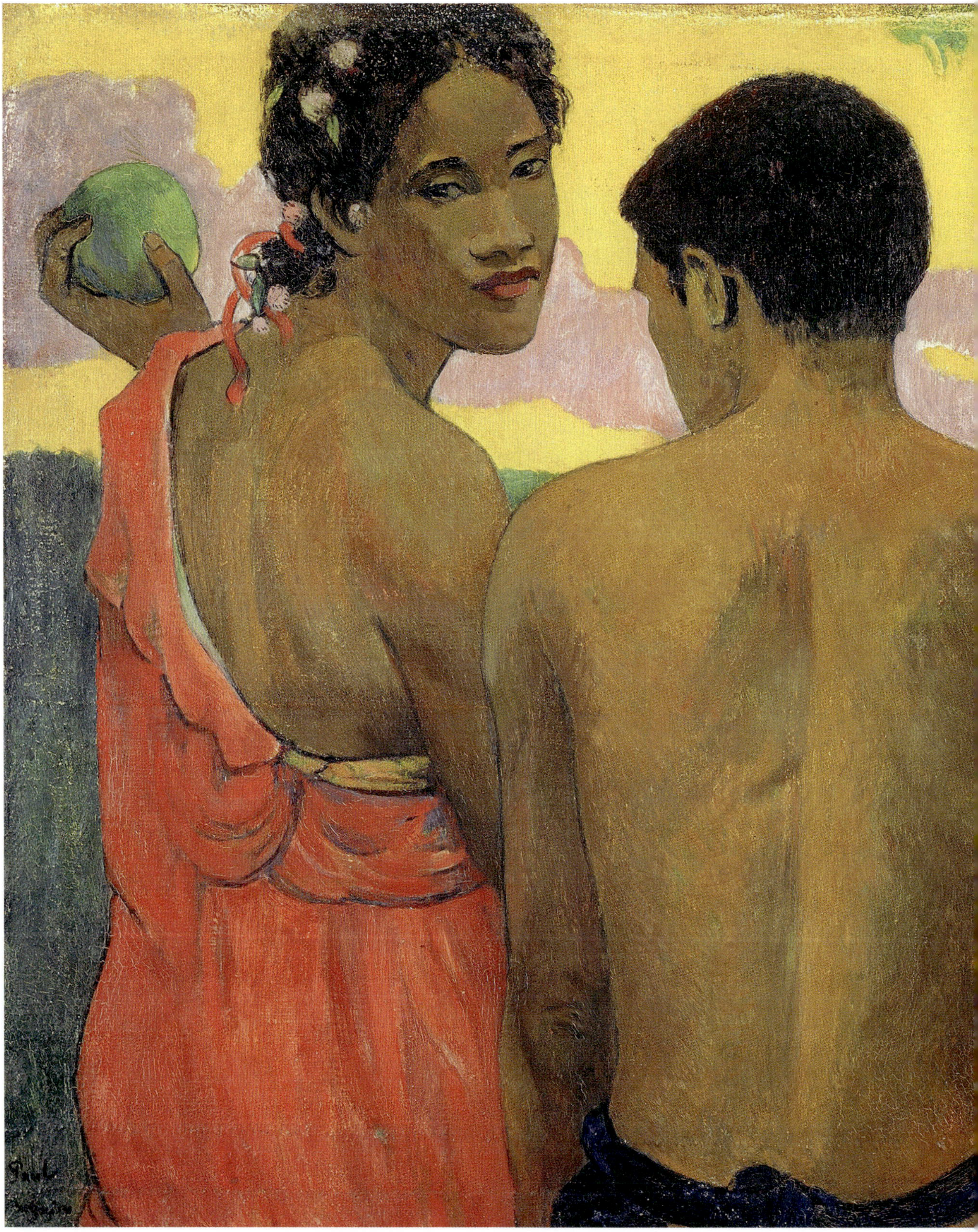

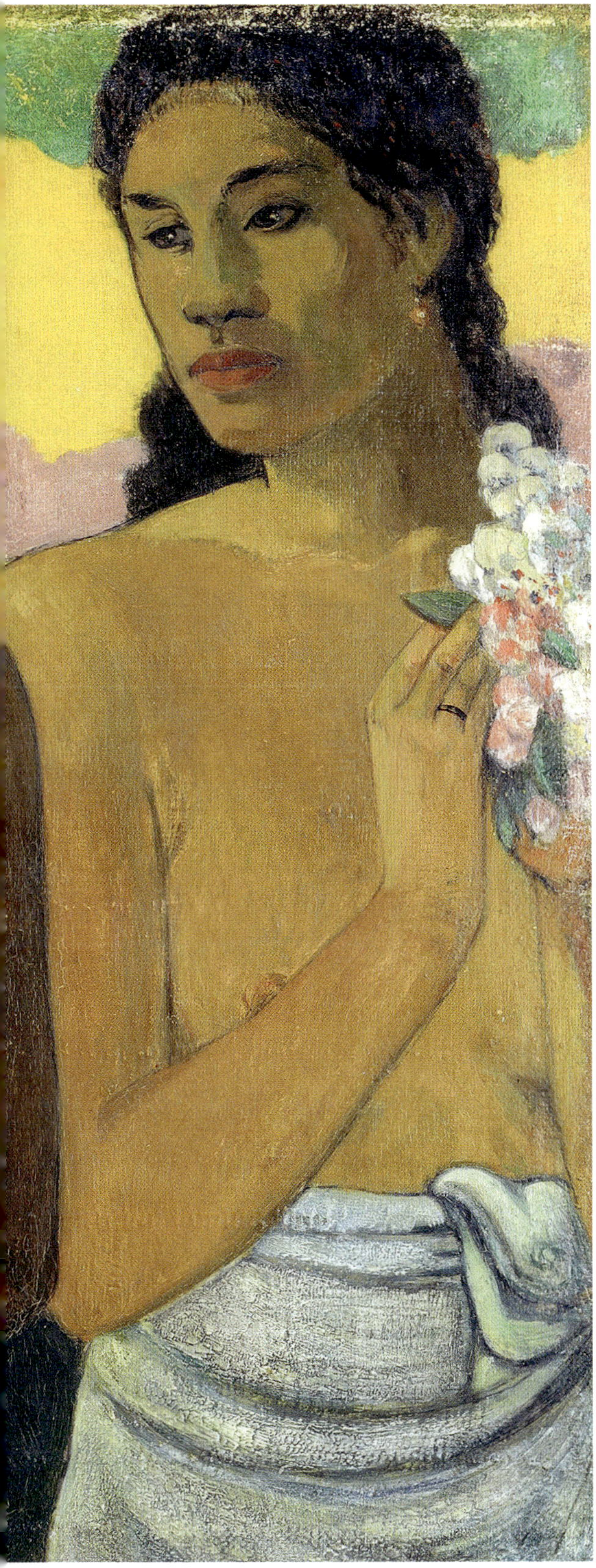

FARBKLÄNGE

DREI TAHITIANER

Schon im Blick auf die Bilder, die Gauguin vor seiner Reise nach Tahiti 1891 malte (siehe „Bretonische Tangsammlerinnen (II), S. 24-25, „Die Alyscamps", S. 29, „Der Verlust der Unschuld oder Frühlingserwachen", S. 32-33,) war die Vereinzelung der Farbfelder zugunsten einer Wirkung im Bildganzen zu beobachten. In den Bildern aus Tahiti wird die Farbe zu einer bestimmenden Kraft, die die Einheit des Bildes bewirkt und damit evident macht. Deutlich wird dies auch an dem Gemälde „Drei Tahitianer". Hier zeigen sich neben der vermittelnden Mischfarbe Braun die Komplementärkontraste Rot und Grün, Altrosa und Gelb eng aufeinander zugeführt.

Die Spannung und gesteigerte Intensität der in ihrer Linienführung spannungslosen Komposition ergeben sich unmittelbar aus der Kraft der Farbe.

18 | Paul Gauguin
Drei Tahitianer, 1899

ZWEI TAHITIANERINNEN

Das Rot der Früchte zentriert auch den Farbzusammenhang von „Zwei Tahitianerinnen". Es stellt sich in Kontrast zum scharfen Chromgrün der rechten oberen Bildecke und führt den Blick stetig zur Mitte hin. In diesem Bild kehrt überdies das Rot in sehr kleinen Akzenten als dezenter Korrespondenzton wieder zurück (siehe am unteren linken Bildrand wie auch rechts in den Blüten in der Hand der rechten Figur).

Aus heutiger Sehgewohnheit weit kühner noch als die aktivierten Komplementärkontraste sind Farbkonstellationen, die Goethe in seiner Farbenlehre als „charakterlose Zusammenstellungen"[23] bezeichnet hat. Goethe meinte damit Farben, die sich im sechsteiligen Farbkreis nicht wie die Komplementärkontraste gegenüberliegen, sondern benachbart sind. Diese Farben beißen sich, wie etwa Hochrot und Pink, oder verbinden sich nahezu – wie zum Beispiel Blau und Grün.

23 Goethe, Zur Farbenlehre, Sinnlich-sittliche Wirkung der Farbe, Hamburger Ausgabe (HA), Bd. 13, S. 505.

19 | Paul Gauguin
Zwei Tahitianerinnen, 1899

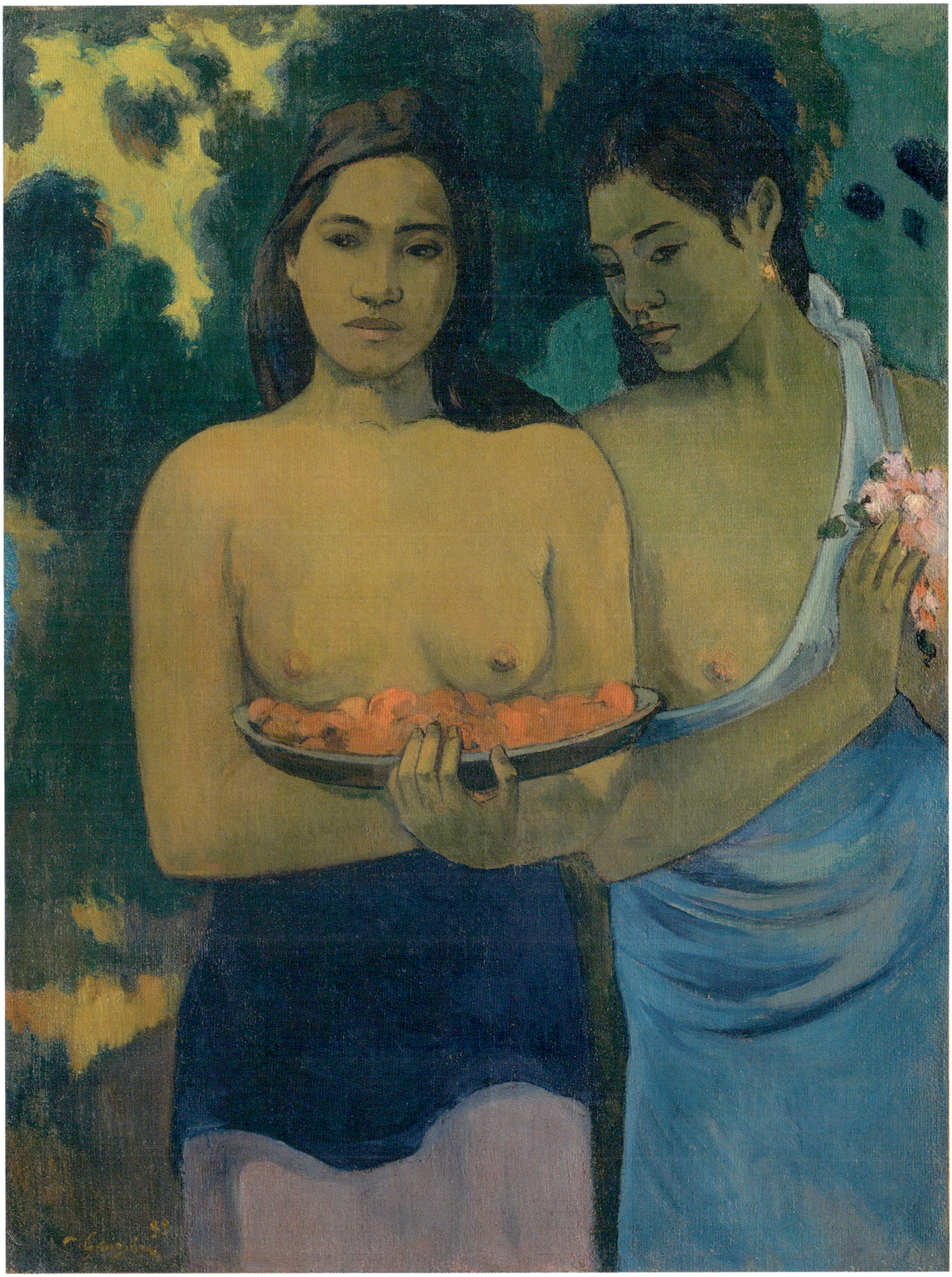

WORTE DES BÖSEN GEISTES

An diesem Gemälde lassen sich die eben genannten „charakterlosen Zusammenstellungen“, wie zum Beispiel: Blau und Purpur, Blau und Grün, Gelb und Grün, gut erkennen. Sie erscheinen hier nahezu auf die Spitze getrieben. Zudem ist das Bild mit Komplementärkontrasten durchzogen, wie zum Beispiel: Grün und Purpur oder Blau und Orange.

20 | Paul Gauguin
Worte des bösen Geistes (Parau na te Varua ino), 1892

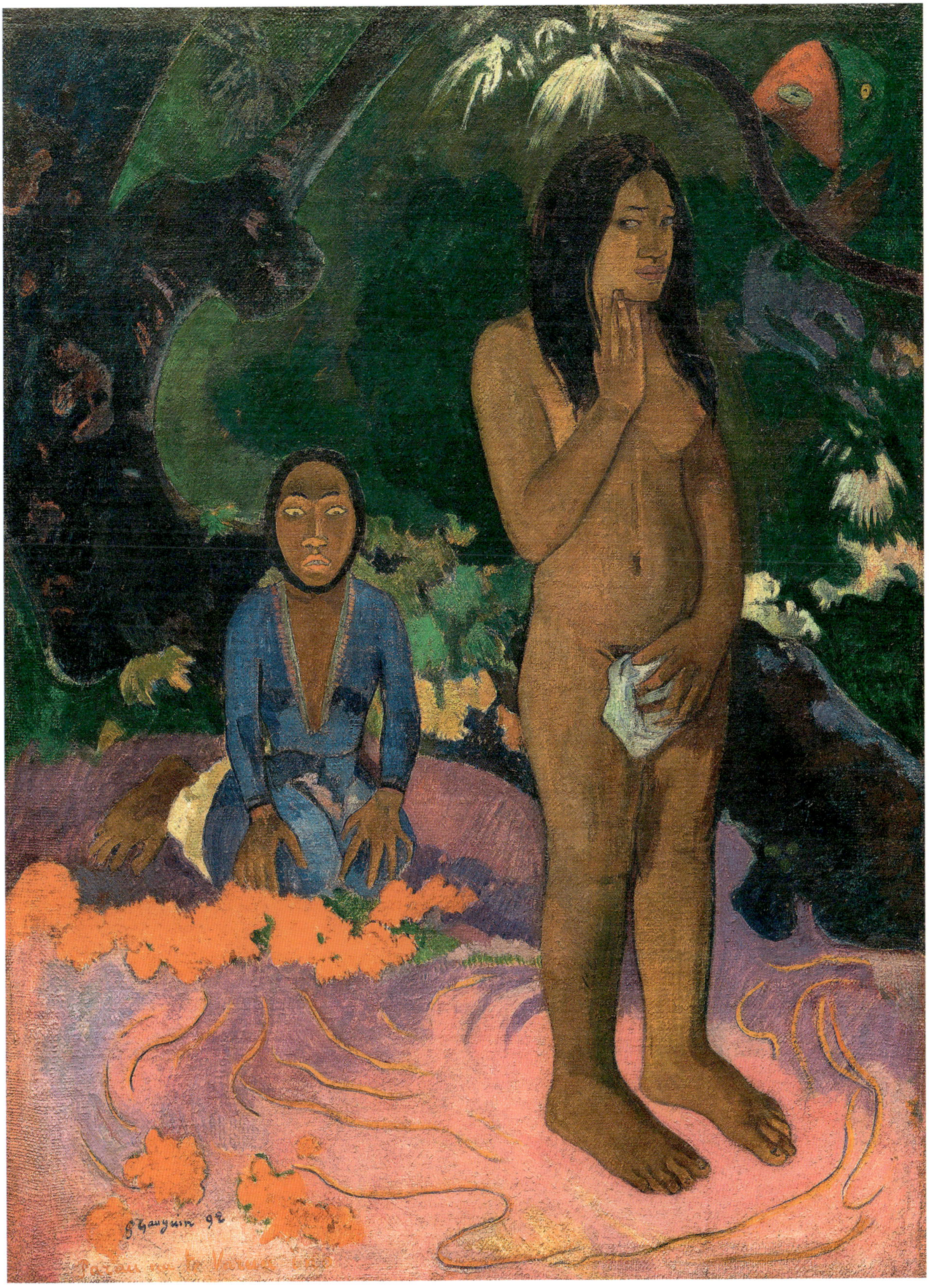
P Gauguin 92
Parau na te Varua ino

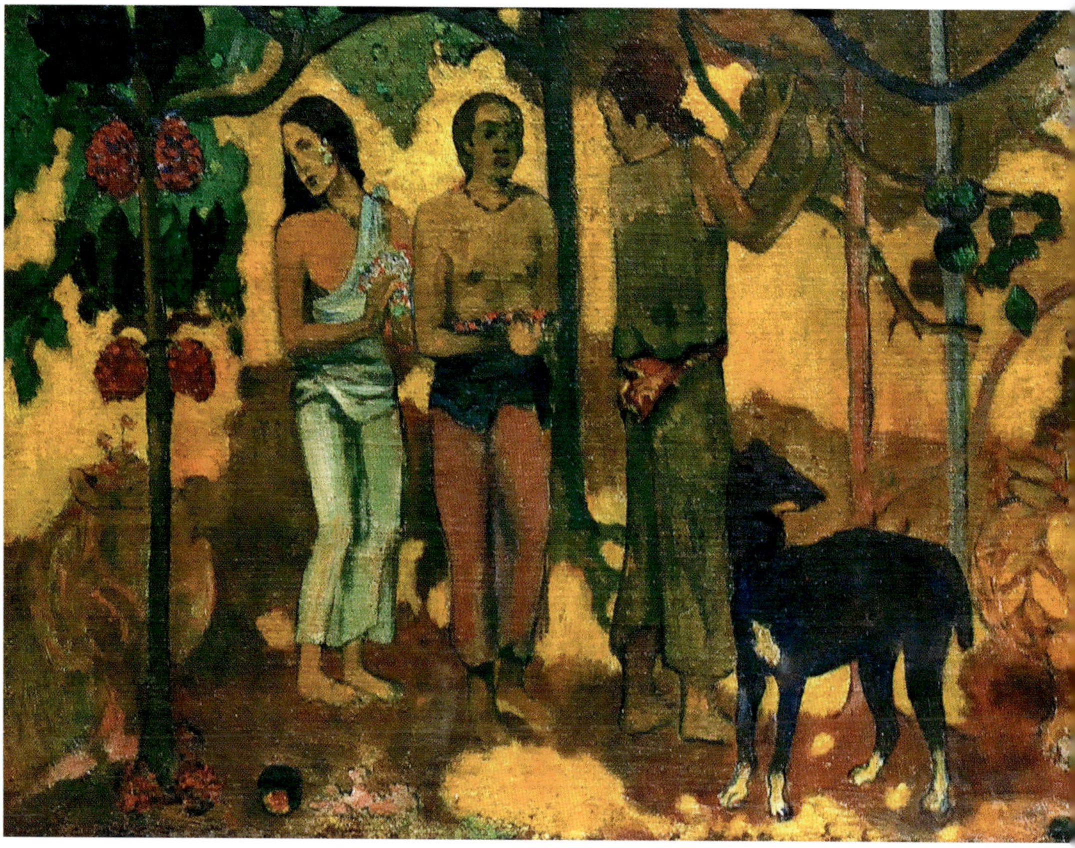

TAHITIANISCHE PASTORALE

In anderen Fällen wie bei dem Bild „Tahitianische Pastorale" stimmt Gauguin die Farbigkeit des Bildganzen in einen überwiegend warmen goldgelben Gesamtton ein, aus dem sich die einzelnen Farben herausheben, ohne den alles verbindenden Zusammenhang mit ihm zu verlieren.

Das Angeführte mag die Fülle der Gestaltungsmöglichkeiten hinreichend vor Augen führen, um zu erkennen, in welch hohem Maße Gauguin die Farbe zur unmittelbaren anschaulichen Wirkung steigern konnte und welche Möglichkeiten der Differenzierung und Intensivierung er dabei erschlossen hat. In der Gesamtheit des Bildes wirken die Farbkonstellationen als unmittelbare Anschauungswerte wie die Intervalle und Harmonien im Bereich der Musik. Gauguin war sich dieser Unmittelbarkeit der musikalischen Wirkung der Farbe voll bewusst.[24]

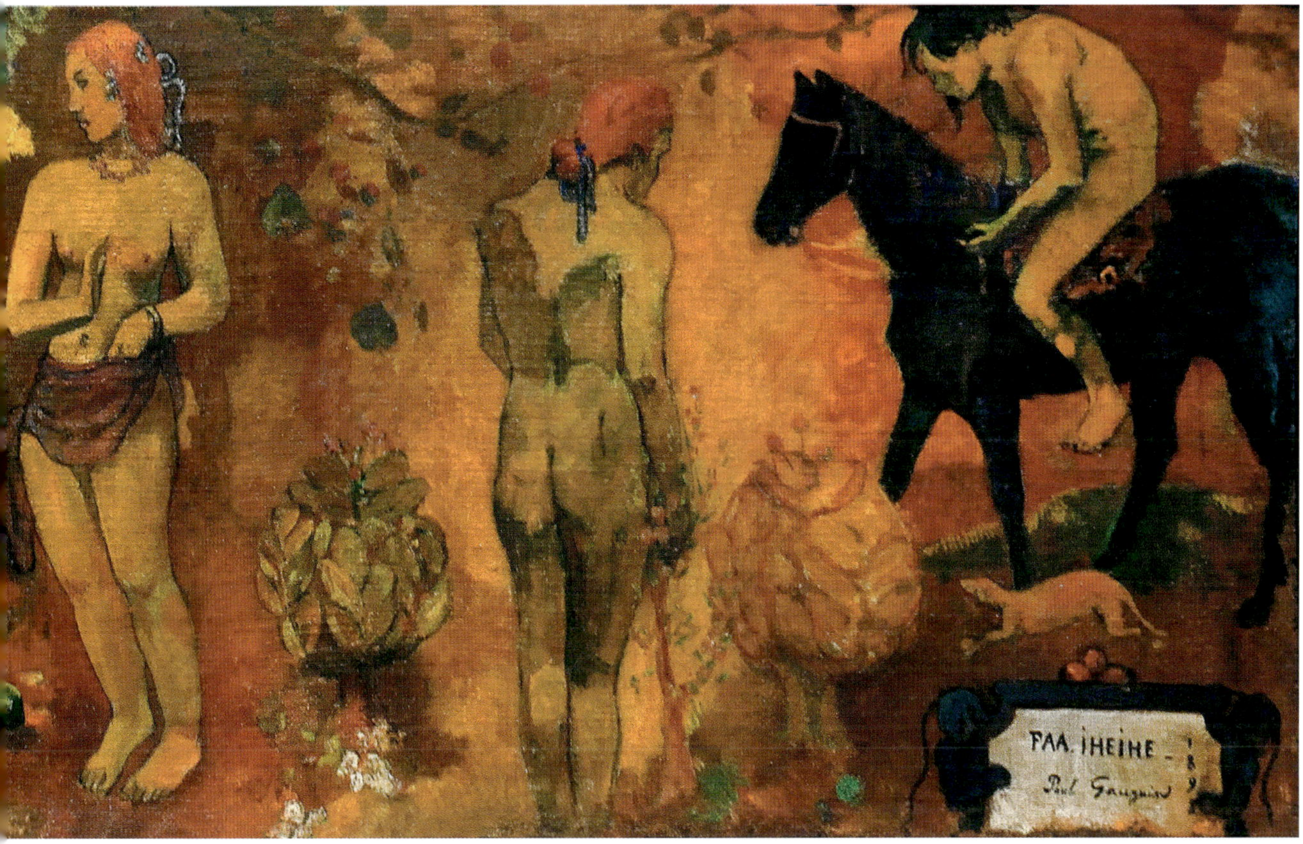

21 | Paul Gauguin, **Tahitianische Pastorale (FAA IHEIHE)**, 1898

Für die praktische Bildbetrachtung ist darüber hinaus noch auf die Tatsache zu verweisen, dass die entsprechende Farbverteilung in der Bildfläche in der konkreten Anschauung nicht als etwas Statisches erfasst werden kann. Im Simultankontrast steigern oder relativieren sich die einzelnen Wirkungswerte, aber auch die des gesamten Farbklangs. Während sich zum Beispiel komplementäre Farben in der längeren Anschauung einander annähern, wirken charakterlose Zusammenstellungen stets unruhig. Jeder Betrachter kann experimentierend an den Bildern selbst beobachten, wie sich die Farben einzeln und in ihrem Zusammenspielen in einem ständigen Interaktionsverhältnis befinden, welches wiederum nur als Prozess zu fassen ist.

24 Gauguin äußerte gegenüber Fontainas: „Denken Sie auch daran, welche gewissermaßen musikalische Rolle die Farbe in der modernen Malerei spielt. Die vibrierende Farbe ist wie die Musik fähig auszudrücken, was in der Natur das Allgemeinste und deswegen auch am schwersten Faßbare ist, nämlich die sie im Innern bewegende Kraft" Zit. n. Paul Gauguin. Briefe, Fischerhude 1989, S. 247.

VIBRATION

DORT LIEGT DER TEMPEL

In dem Gemälde zeigt das Gelb des großen mittleren Hügels subtil ineinandergesetzte, teils verwischte Pinselsetzungen in Zitronen- und Goldgelb. An manchen Stellen schimmert Grün durch die luftige Schichtung, teilweise auch ein zartes Violett, das sich in längerer Betrachtung wie eine leichte graue Verschattung ausnimmt. In einem einzelnen Farbton können dessen Komplementärfarbe wie auch dessen benachbarte Farben – hier zu Gelb: Orange sowie Grün – eingearbeitet sein, weshalb sich der überwiegende Gesamtton nie gänzlich zusammenschließt.

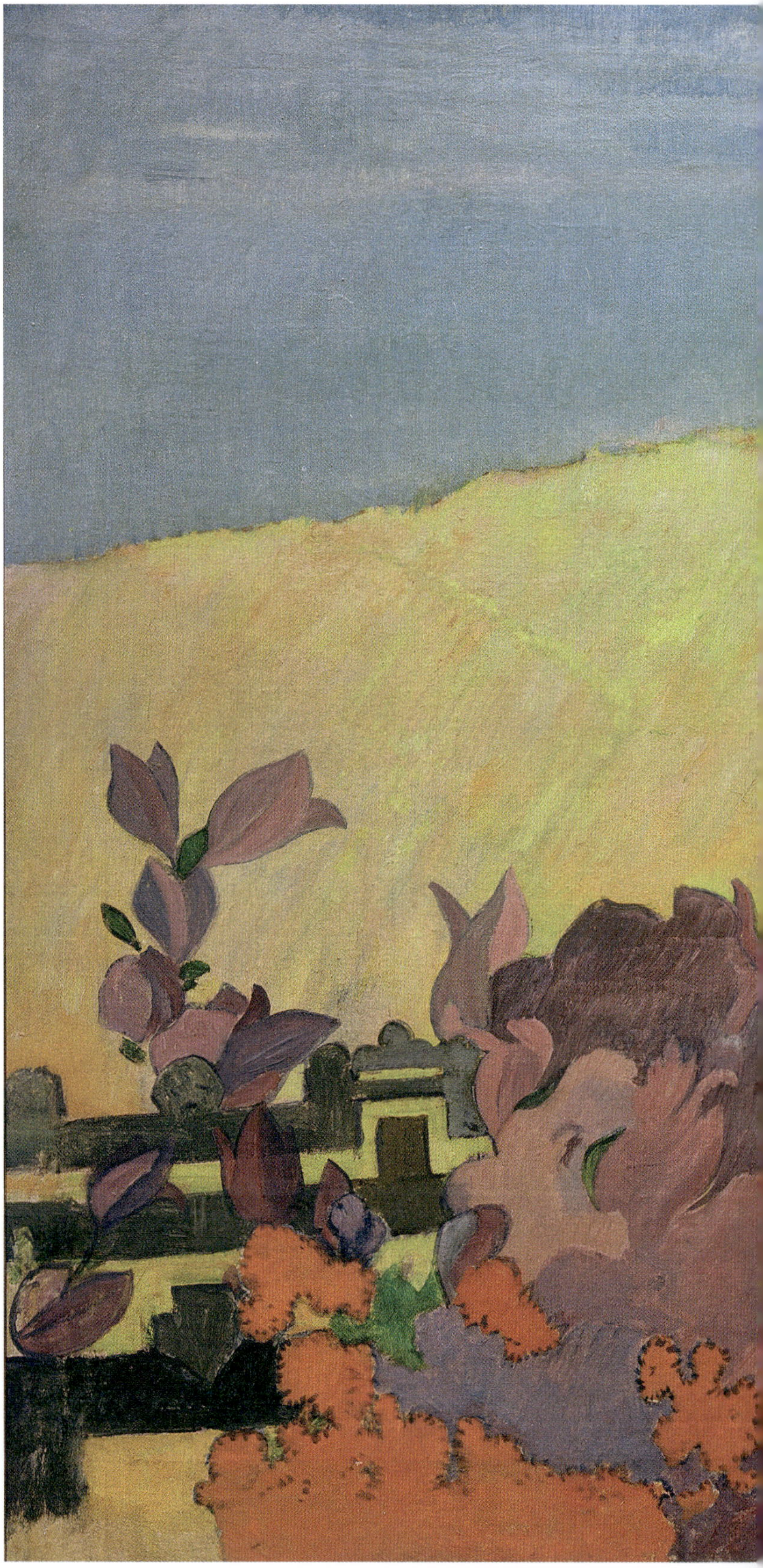

22 | Paul Gauguin
Dort liegt der Tempel
(Parahi te marae), 1892

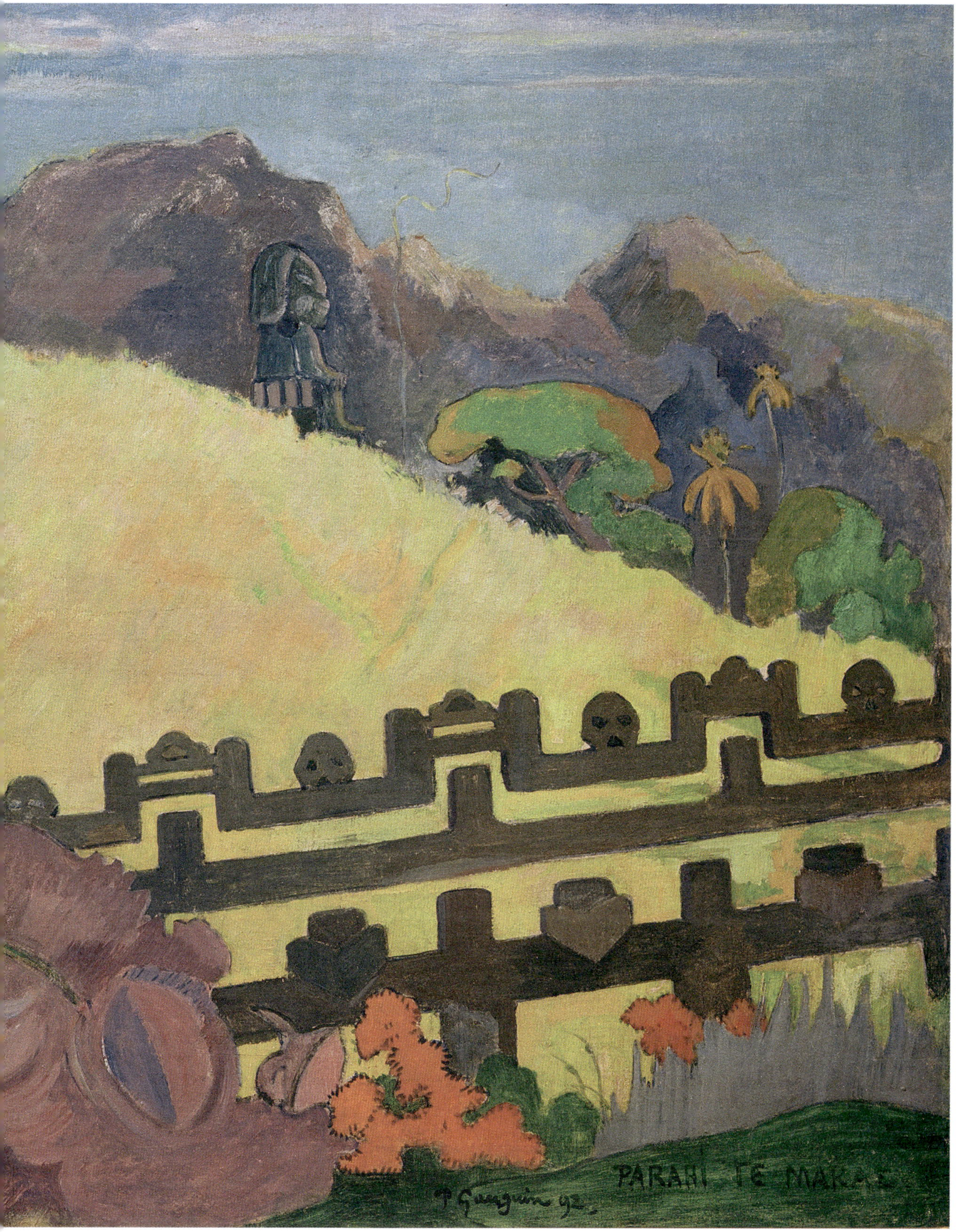
P Gauguin 92
PARAHI TE MARAE

Dort liegt der Tempel, Detail

Mit der unmittelbaren Erfahrung der Farbe als eines ständigen Prozesses ist ein entscheidendes Wirkungsprinzip der Farben Gauguins angesprochen. Dieses wird nicht durch die reine Kombination der Buntwerte, sondern durch seine konkrete Malweise aktiviert.

Seine wohl vor allem durch die Anregung Pissarros äußerst differenzierten Farbflächengestaltungen wurden bereits anfänglich beschrieben. Doch hier erweitert Gauguin seine Möglichkeiten. Er verwandte mit Vorliebe grobe, stark saugende Leinwände.[25] Er verabscheute, wie er es nannte, *schlammige Farben*. Nur selten ist sein Farbauftrag opak deckend. Wir kennen kaum Bilder, in denen nicht wenigstens die Struktur der Leinwand durch die aufgetragene Farbschicht hervortritt. Oftmals ist die Ölfarbe dünnflüssig mit magerem Pinsel aufgetragen, wodurch häufig die spärlich grundierte Leinwand sichtbar wird. Die kleinteiligen Pinselsetzungen lassen keine großflächigen Lasierungen entstehen. Und so zeigt sich auch kaum eine Farbfläche, die aus ein und demselben Farbton zusammengesetzt wäre.

25 Vgl. Anmerkung 24

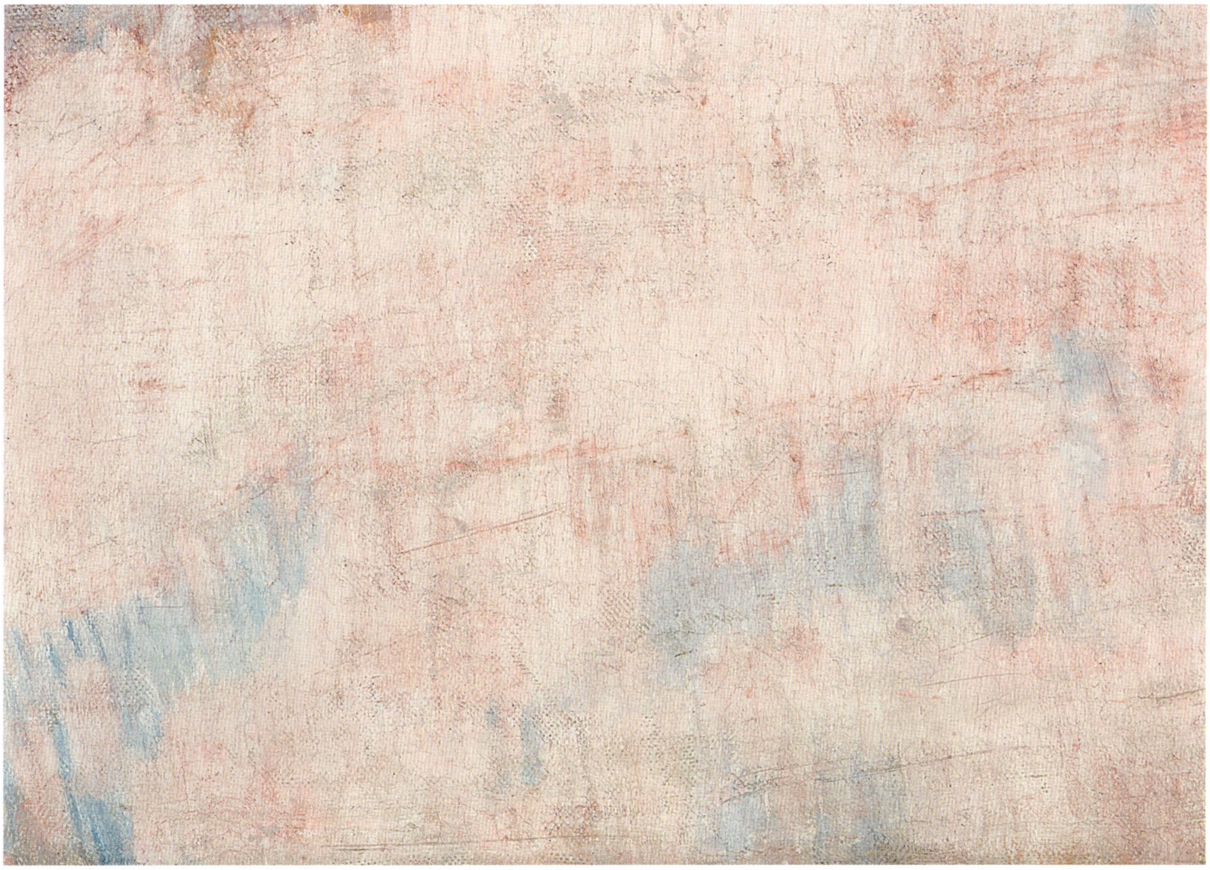

Reiter am Strand, Detail

Vielfältig gebrochen ist auch das Pink der Strandfläche in „Reiter am Strand (I)" (Seite 44-45), in das Spuren von sehr lichtem Graugrün und hellem Blau eingearbeitet sind. Dies bewirkt, dass der Gesamtton stets transparent erscheint, als sei er hinterleuchtet. Damit scheint auch verbunden zu sein, dass in diesen Bildern selbst die dunklen Farbflächen leuchtend erscheinen. Weiterhin erhält die Farbe eine unaufhörliche Lebendigkeit, sie dunkelt ab, wird heller, changiert in unterschiedlichen und feinsten Nuancen, sie verdichtet sich, um gleich darauf wieder in flüchtiger Transparenz vor der Bildfläche zu schweben: Gauguin spricht vom musikalischen „Vibrieren" der Farbe. Er sieht im Hervorbringen dieser Wirkung – wie bereits eingangs zitiert – den Weg zum Ausdruck der die Natur bewegenden inneren Kraft, den Weg zur Erfüllung eines seiner höchsten künstlerischen Ziele.

DER SINNLICHE TRAUM

UNTER DEN PANDANUSBÄUMEN

Wie wir bereits gesehen haben, lassen sich in Gauguins Bildern in Bezug auf das Zusammenspiel zwischen Figur und Hintergrund zwei Extreme beobachten. So hatten wir beispielsweise an dem Bild „Die Alyscamps" (S. 29) festgestellt, wie die Figuren zum Teil der Landschaft werden. Andererseits konnten wir zum Beispiel an dem Gemälde „Worte des bösen Geistes" (S. 59) sehen, wie sich die Figur dem Hintergrund zu entziehen scheint.

Zwischen diesen Extremen der Ausführung finden sich in „Unter den Pandanusbäumen (II)" Figuren, die nach der Art seiner Holzschnitte vergleichsweise spröde und plastisch wirken. An der Frau links im Vordergrund wird ersichtlich, wie sie einerseits im Bereich der Beine wie ins Bild hineingestellt wirkt. Andererseits scheinen ihr Oberkörper und Kopf in den Hintergrund eingebunden.

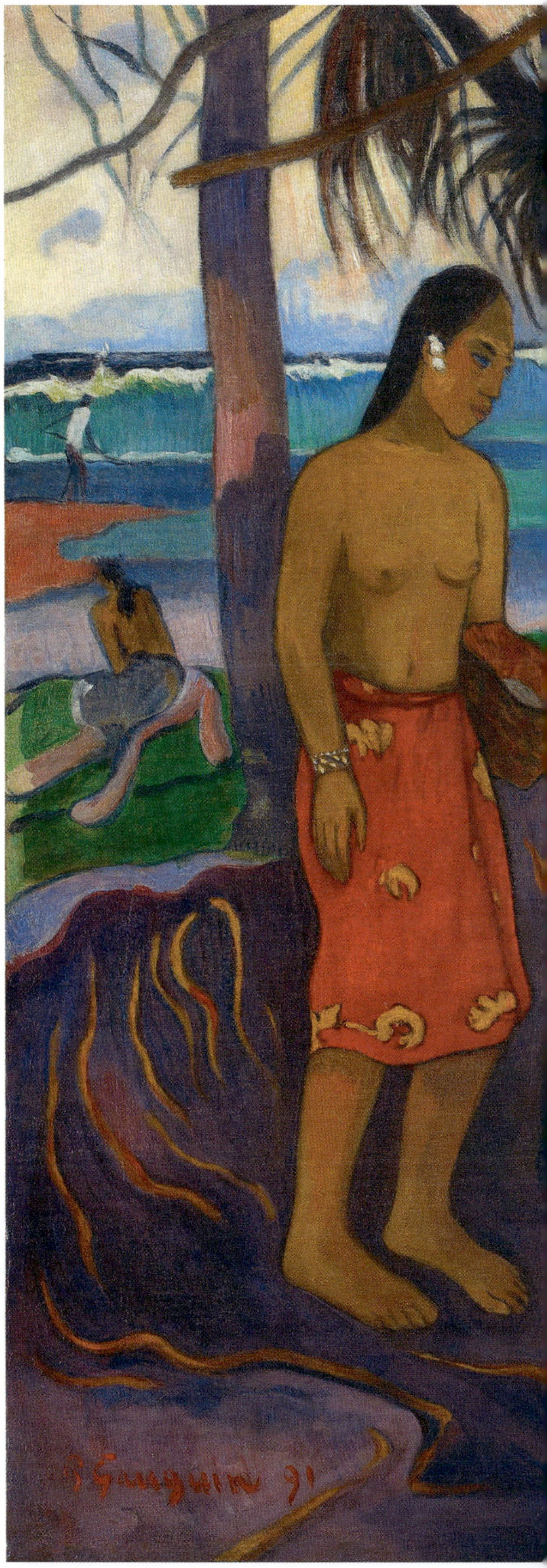

23 | Paul Gauguin
Unter den Pandanusbäumen (II) (I raro te Oviri), 1891

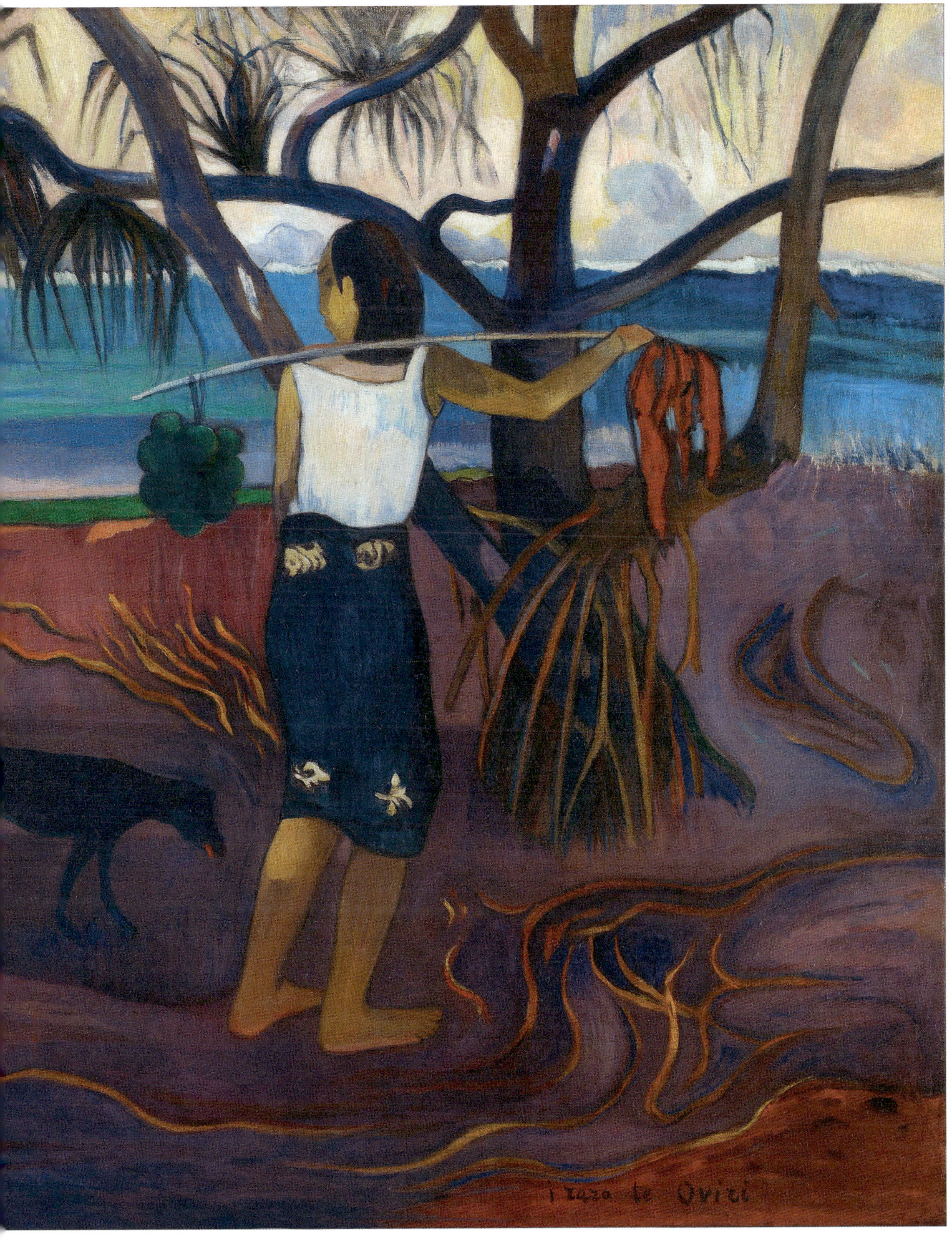
I raro te Oviri

DER MARKT

Das Gemälde gehört zu den wichtigsten Werken, die während Gauguins erstem Tahiti-Aufenthalt in den Jahren 1891 bis 1893 entstanden sind.

Die gänzlich aus Farbflächen zusammengesetzten Figuren in dem Gemälde erscheinen als Teil des Farbmusters der Bildfläche. Die freie Farbgestalt und die figürlich-gegenständliche Gestalt sind einander angenähert. So kann das ganze Bild als harmonische Einheit erfahren werden.

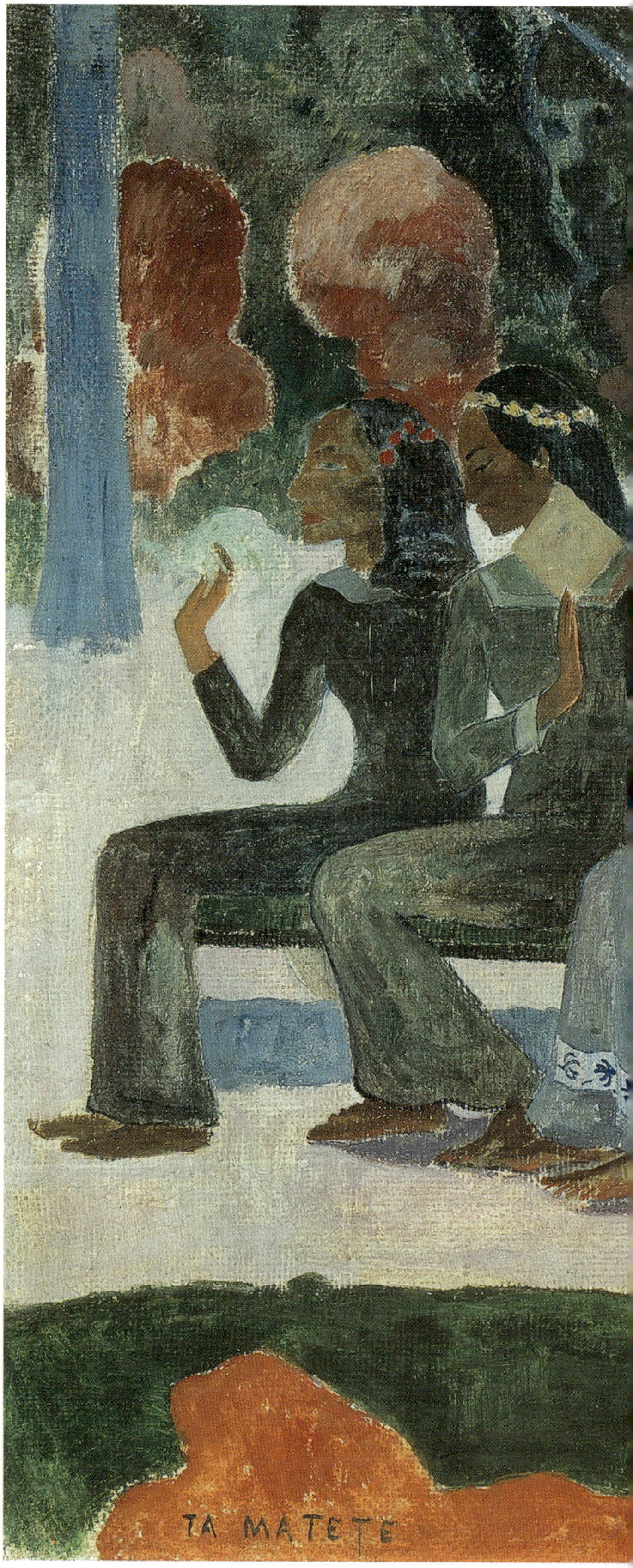

24 | Paul Gauguin
Der Markt (Ta matete), 1892

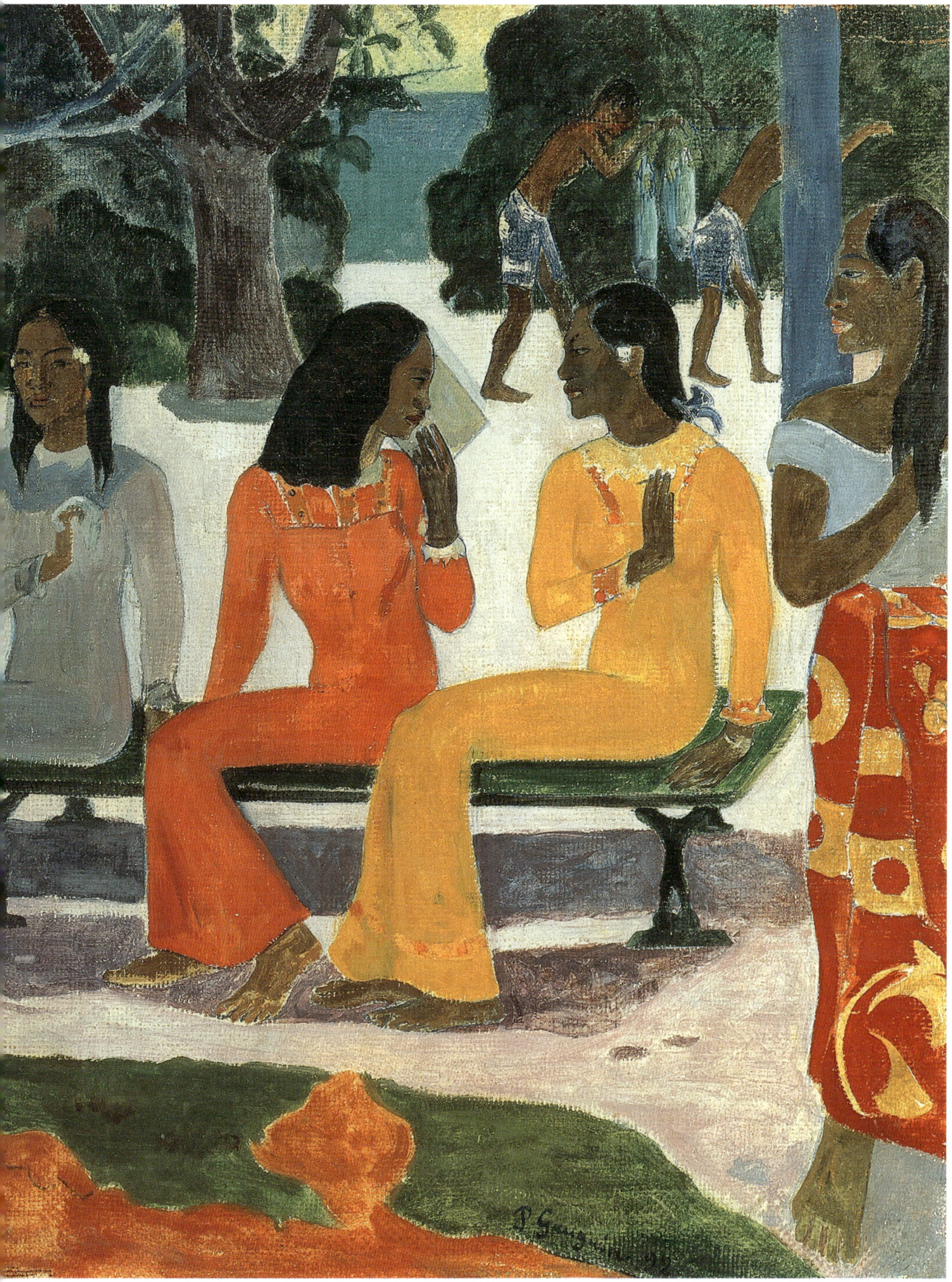

ZWEI SCHWESTERN

Die vielschichtigen Farbprozesse in diesem Gemälde nehmen den Figuren, deren Füße nicht zu sehen sind, ihren festen Ort. Dennoch kann die bewegte Farbigkeit an der festen Figur einen Halt finden oder im Kontrast zu deren Unbewegtheit erst recht bewegt erscheinen.

Die Gegensätze zwischen Figur- und Farbgestaltung, die Wechselwirkung von Gegenständlichkeit und Farbe sind hier nicht vollständig zur bildlichen Einheit und Versöhnung gebracht. Stattdessen scheinen sie zunächst ihre Trennung zu bewahren.

In der aktuellen Anschauung kann hier gerade das Nicht-Vereinheitlichte eine Chance für das Wahrnehmen einer mehrschichtigen, in dieser Mehrschichtigkeit jedoch nicht fixierten und sich in immer neuen Zusammenhängen offenbarenden Welt sein.

Die sich ständig wandelnden Wirkungen des Farbraums und das Auseinander- und Zusammentreten der freien Farbformen kommen in der konkreten Anschauung mit den ausgeformten, festen Figuren miteinander ins Spiel. Hinzu kommen die simultanen Farbklänge und Farbharmonien und nicht zuletzt die in musikalisch vibrierende Schwingung versetzten Farbqualitäten.

Das Geheimnis der inneren Einheit, die Kraft der Farbe in Gauguins Bildern, liegt nicht jenseits der Sinne im Reich der abstrakten Ideen, sondern kann innerhalb der sinnlichen Anschauung unmittelbar zum Bewusstsein kommen. In der sinnlichen Anschauung der Farbe können dingliche Vorstellung und bildliche Wirkungen ineinander spielen und so als Prozess erfahren werden.

25 | Paul Gauguin,
Zwei Schwestern (Piti Teina), 1892

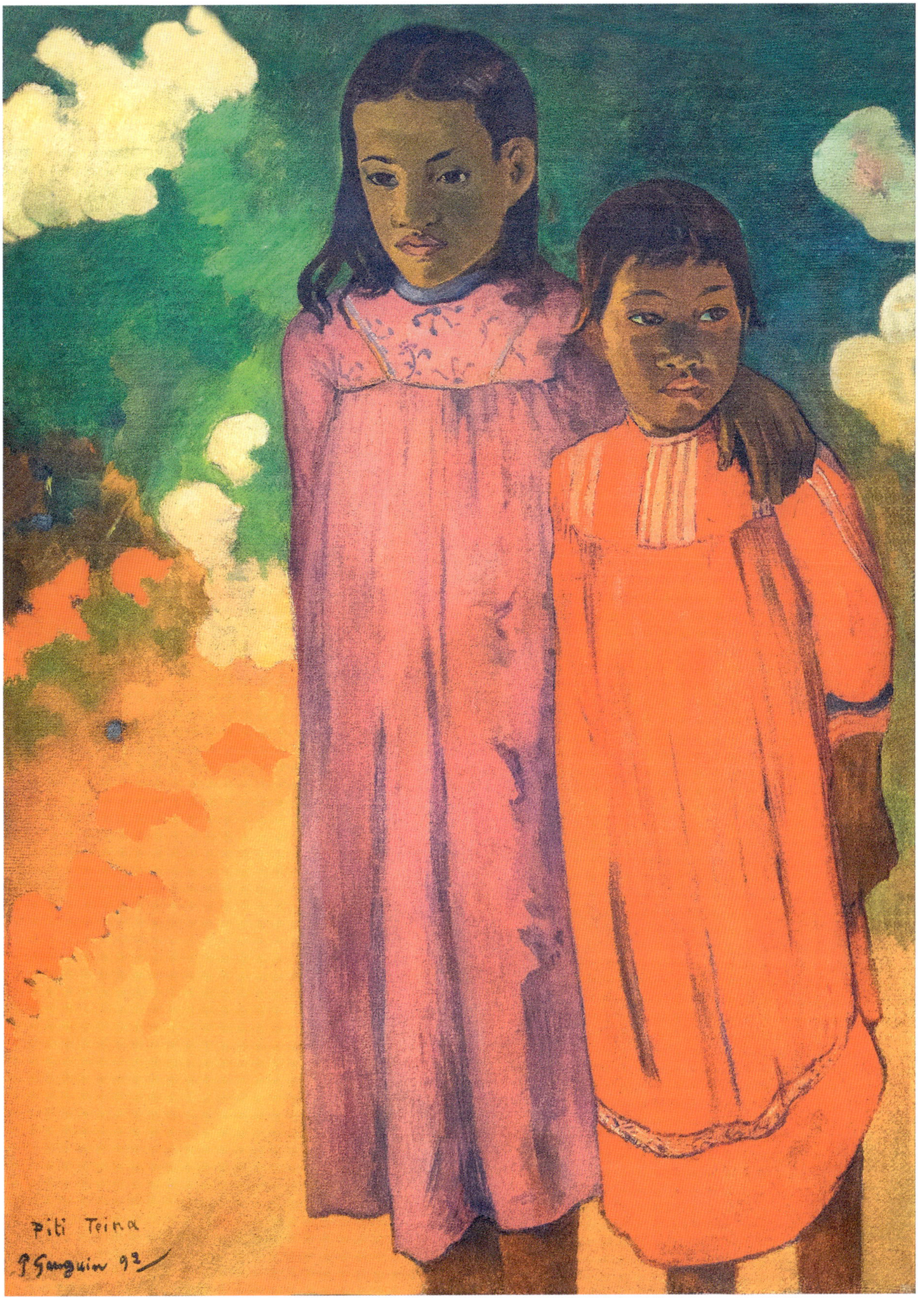
Piti Teina
P Gauguin 92

GAUGUIN, DIE FARBEN UND ICH

In der Auseinandersetzung mit den Ausführungen Michael Bockemühls über Paul Gauguin beeindruckt mich insbesondere die Beschreibung der Farbwahrnehmungen. Bislang hatte ich Farbe immer als Eigenschaft von etwas aufgefasst, sie selbst aber in allen ihren Facetten und Tiefen so noch nicht bewusst wahrgenommen.

An dem Gemälde „Wie? du bist eifersüchtig?“ (S. 42/43) kann ich zum Beispiel beobachten, wie sich meine Wahrnehmung verändert, wenn ich unterschiedliche Farbelemente im Bild fokussiere: Konzentriere ich mich auf das Rosa im Hintergrund, so verändert dies nicht nur meinen Eindruck der beiden Gestalten im Vordergrund, die hervorzutreten scheinen, sondern auch jenen der roten Bildelemente vor und hinter den Frauen. Diese werden für mich zu einer Art Ankerpunkt und Stütze der beiden Figuren. Es ist, als würde ich sehend das Reich der Farben betreten und dürfte selbst teilhaben an „ihrer inneren, mysteriösen, rätselhaften Kraft.“[26]

Nicht zuletzt ist es Bockemühls Vorgehensweise, die große Begeisterung für das Sehen und Wahrnehmen von Farbwirkungen in mir hinterlässt: Er führt keine Analysen, spitzfindige Interpretationen oder kunsthistorische Einordnungen durch, welche mich in das Reich der Gedanken entführen würden, sondern ermuntert mich, die Dinge selbst zu betrachten, sie selbst zu *sehen*. So zum Beispiel in dem bereits erwähnten Bild: Hier drängt sich das rote Farbfeld im Hintergrund nach vorne und lässt so eine Nähe zu den abgebildeten Frauen entstehen. Auf diese Weise Zusammenhänge im Bild durch immer weiterführende, intensive Beobachtungen zu erkennen, lässt in mir ein tieferes Verständnis von dem Gemalten entstehen. Nicht nur, dass ich beobachte, wie zum Beispiel das intensive Grün und das starke Rot in „Landschaft mit Pfauen“ (S. 37) Tiefe erzeugen, ohne dass sie diese Funktion räumlich tatsächlich hätten. Durch die Hinweise und Beobachtungen Bockemühls gelingt es mir auch, mich auf die Erfahrung von Farbe einzulassen, wo ich zuvor eher einer Beurteilungsform dinglicher Faktoren folgte.

Die Struktur des Vortrages unterstützt mich dabei, exakter sehen und beurteilen zu lernen, was Gauguin mir in seiner Kunst vor Augen stellt. So wird zunächst bei jedem Bild eine kurze Einleitung geboten, die mich als Leser abholt und die Brisanz des Bildes vor Augen führt. Dann wird durch konkrete Beispiele am Bild ein Problembewusstsein geschärft, durch das ich sehen und nachvollziehen kann, wie sich Räumlichkeit entfaltet oder durch weitere Elemente im Bild auflöst, wie zum Beispiel in dem Bild „Der Traum“

26 Zit. nach Walter Hess, Dokumente zum Verständnis der modernen Malerei, Reinbek bei Hamburg 1984, S. 30.

(S. 40/41), wo sich die Frauenfigur – je nach Blickrichtung – als sitzend oder schwebend darstellt.

Bockemühl scheint mich auf drei Wegen an die Malerei Gauguins heranzuführen: Erstens beschreibt er, wie die Bilder auf ihn wirken, ohne dabei seine persönliche Meinung einzubringen. Manchmal scheint es mir, als ob er selbst die Bilder in seinen Beschreibungen zum ersten Mal betrachten würde – mit freiem, unvoreingenommenem Blick. Mich inspiriert dabei, wie ein einzelnes Element wie beispielsweise das oben erwähnte rote Farbfeld, in seinem Zusammenwirken mit den Figuren, dem Hintergrund und in seiner Funktion im Bildganzen mein Erleben des Bildes verwandeln kann. Die Wirkung der Bilder wird dabei nicht als reine Abstraktion unterschiedlicher Zusammenhänge beschrieben, sondern auf die unmittelbare Erfahrung bis in den Bereich der sinnlichen Eindrücke zurückgeführt.

Zweitens macht Bockemühl an ausgewählten Bildern auf eine innere Entwicklung aufmerksam, die der Komposition Gauguins zugrunde liegt: die „Farbklänge", die „Vibration" der Farben, wie es im Vortrag heißt, ist für mich tatsächlich erfahrbar, wenn ich mir beispielsweise das Hellrosa auf „Reiter am Strand (I)" (S. 44/45) näher anschaue und auf mich wirken lasse. Ich taste es dann so lange mit den Augen ab, bis ich spüre, wie vielschichtig die Nuancen sind, die fortwährend changieren, wenn ich meinen Blick über die Fläche hinweg bewege.

Drittens zeigt Bockemühl auf, wie die Gestaltung und das Zusammenwirken der Farben in den Arbeiten von Gauguin eine Stellung innerhalb der europäischen Kunst- und Bewusstseinsgeschichte verleihen.

Konsequent weist Bockemühl bei seinen Ausführungen auf die je eigene Beobachtungsgabe der Betrachtenden hin. So bin ich der Kunst von Gauguin über meine Augen näher gekommen. Nicht nur das: Ich erfahre auch eigene Unsicherheiten dabei und stoße immer wieder an meine Grenzen, die sich im Prozess dehnen und verschieben. Mit „Kunst Sehen" rücke ich also nicht nur Gauguins Kunst, sondern auch mir selbst näher. All das hat in mir die Sehnsucht geweckt, Gauguins Bilder wirklich zu sehen!

Julius Daniel und Andrea Kreisel

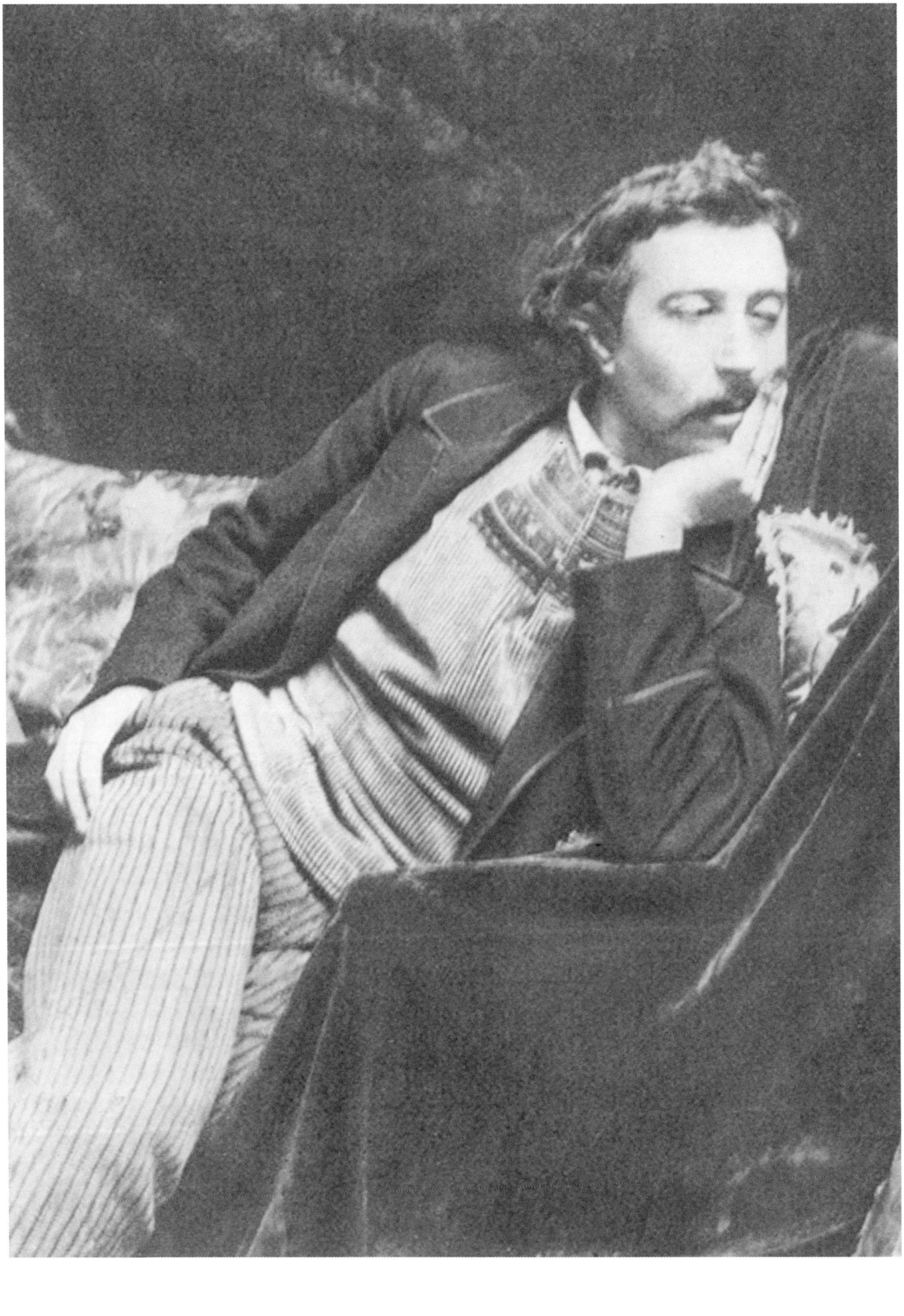

„Malen Sie nicht zu viel nach der Natur. Das Kunstwerk ist eine Abstraktion. Ziehen Sie es aus der Natur heraus, indem Sie vor ihr nachsinnen und träumen."

PAUL GAUGUIN

1848
Paul Gauguin wird am 7. Juni 1848 in Paris geboren. Der Vater Clovis Gauguin arbeitet als Journalist, die Mutter Aline Marie Chazal ist Französin peruanischer Herkunft.

1849-1953
Die Familie zieht nach Peru. Mit der Unterstützung von Aline Marie Chazal plant Clovis Gauguin die Gründung einer eigenen Zeitung. Er stirbt jedoch auf der Reise nach Peru an einem Herzinfarkt. Gauguins Mutter lebt einige Jahre mit Paul und seiner älteren Schwester bei Verwandten in Lima.

1851
Staatsstreich von Napoleon III. in Frankreich.

1853
Die Familie Gauguin kehrt nach Paris zurück.

26 | Paul Gauguin, Photographie, 1891

1871
Gaugin wechselt seine Tätigkeiten. Er arbeitet als Börsenmakler und Bankangestellter. Dabei spekuliert er mit seinem eigenen Vermögen.

1865
Gauguin verpflichtet sich zunächst bei der Handelsmarine, später wechselt er zur Kriegsmarine. Die Schiffe bringen ihn auch nach Indien und Südamerika.

1867
Während sich Gauguin auf Hoher See befindet, stirbt die Mutter.

1872
Gauguin versucht, sich eine bürgerliche Existenz aufzubauen. Er findet eine Anstellung bei einer Bank.

1873
Hochzeit mit der attraktiven Dänin Mette-Sophie Gad. Das Paar bekommt fünf Kinder.

1874
Obwohl sie von der Kritik verschmäht werden, präsentieren die französischen Impressionisten als Künstlervereinigung ihre ersten Werke. Der Impressionismus gilt als erster Malstil der Moderne. Der Name war ursprünglich ein Spottname zu Monets Gemälde „Impression, Sonnenaufgang". Weitere Impressionisten sind Manet und Renoir.

1875
Gauguin ist vom neuen Stil des Impressionismus begeistert. Er beginnt selbst zu malen.

1876
Gaugin stellt ein Gemälde im berühmten Pariser Salon aus. Mit dem Landschaftsbild „Unterholz in Viroflay" erreicht er eine erste künstlerische Anerkennung.

1882
Nach einem Börsencrash verliert Gaugin seine Arbeit. Zum Entsetzen seiner Frau beschließt er, den Bankberuf endgültig aufzugeben, und sich nur noch der Malerei zu widmen. Die Familie leidet unter Geldsorgen.

1884
folgt der Umzug in die Normandie, wo die Lebenshaltungskosten gering sind. Die kleinen Anfangserfolge als Maler stellen Gaugins Ehefrau nicht zufrieden. Sie zieht mit den Kindern nach Kopenhagen.

1886
Fertigstellung des Gemäldes „Der Tanz der vier Bretoninnen".

1887
Gauguin lebt für einige Zeit auf Panama. Da er mit der Malerei zu wenig verdient, arbeitet er zeitweise bei der Errichtung des Panamakanals.

1888
Gauguin zieht nach Arles, um zusammen mit Vincent van Gogh eine Künstlerkolonie zu gründen. In Arles entstehen die Bilder „Gelber Christus", das „Porträt des Vincent van Gogh, Sonnenblumen malend." und „Vision nach der Predigt – Jakobs Kampf mit dem Engel". Das Zusammenleben der beiden Maler endet in einer Katastrophe. Van Gogh bricht psychisch zusammen.

1891
Durch die Versteigerung von Gemälden hat Gauguin genug Geld, um seinen Lebenstraum zu verwirklichen. Er reist nach Tahiti, einer Insel im Südpazifik, um dort ein Leben als Maler zu führen. Gauguin mietet sich eine Hütte im Dorf Mataiea, 40 km von der Stadt Papeete entfernt. Er versucht, die Landessprache zu lernen. Als Muse für seine Malerei und Modell dient ihm die junge Tahitianerin Téha'amana (auch: Tehura). Es entstehen zahlreiche Bilder einer idealisierten Südseewelt. Doch die Idylle währt nicht lange. Das Geld wird knapp. Als Gaugins Gesundheit schwächer wird, kehrt er wieder nach Paris zurück.

1895-1903
Gauguin beschließt, den Rest seines Lebens in der Südsee zu verbringen. An der Küste bei Papeete baut er sich eine Hütte. Dort lebt er mit der Einheimischen Pau'ura a Tai, die 1896 eine Tochter zur Welt bringt. Das Kind stirbt schon bald. 1897 entsteht das Gemälde „Woher kommen wir? Wer sind wir? Wohin gehen wir?" Wie Henri Rousseau vermischt Gauguin Realität, Traumelemente und Darstellungen der exotischen Welt. Und wie später der Expressionist Max Pechstein idealisiert er die Welt der Südsee.

Pau'ura a Tai kehrt 1899 wieder zu den Eltern zurück. Wegen Problemen mit den Kolonialbehörden auf Tahiti flieht Gauguin 1901 nach Atuona auf den Marquesas-Inseln. Dort lebt er gesundheitlich angeschlagen und in finanziell schwieriger Situation. Der Verkauf seiner Bilder in Frankreich läuft nur schleppend. Die Nachricht vom Tod seiner Tochter Aline in Kopenhagen belastet ihn zusätzlich.

Gauguin stirbt am 8. Mai 1903.

VERZEICHNIS DER WERKE

1 | Paul Gauguin, **Selbstbildnis,** 1885 Öl auf Leinwand, 93 x 73 cm, © IMAGNO/ ARTOTHEK, S. 9

2 | Photo von Michael Bockemühl, 2003 © Christian Nielinger, Essen, S. 12

3 | Paul Signac, **Die Seine bei Samois** (Studie), 1899, Öl auf Pappe, 26,8 x 34,9cm, Neue Pinakothek, München, © mauritius images / Peter Horee / Alamy S. 17

4 | Paul Gauguin, **Selbstportrait,** 1885 Öl auf Leinwand, Kimble Art Museum, Fort Worth, © mauritius images / Paul Fearn / Alamy, S. 18

5 | Paul Sérusier, **Der Talisman,** 1888 Öl auf Holz, 27 x 21,5cm, Musée d'Orsay, Paris, © Bridgeman Images, S. 21

6 | Paul Gauguin, **Bretonische Tangsammlerinnen (II),** 1889, Öl auf Leinwand, 87 x 122,5 cm, Museum Folkwang, Essen, © Museum Folkwang Essen / ARTOTHEK, S. 24-25

7 | Paul Gauguin, **Die Alyscamps,** 1888 Öl auf Leinwand, 92 x 73 cm, Musée d'Orsay, Paris, © Peter Willi / ARTOTHEK, S. 29

8 | Paul Gauguin, **Der Verlust der Unschuld oder Frühlingserwachen,** 1890/91, Öl auf Leinwand, 90 x 130 cm, The Chrysler Museum of Art, Norfolk, Virginia, © akg-images, S. 32-33

9 | Paul Gauguin, **Landschaft mit Pfauen (Matamoe),** 1892, Öl auf Leinwand, 115 x 86 cm, Puschkin-Museum, Moskau, © mauritius images/United Archives, S. 37

10 | Paul Gauguin, **Straße auf Tahiti,** 1891, Öl auf Leinwand, 115,5 x 88,5 cm, The Toledo Museum of Art, USA, © mauritius images / The Artchives / Alamy, S. 39

11 | Paul Gauguin, **Der Traum (Te rerioa),** 1897, Öl auf Leinwand, 95 x 130 cm, Courtauld Gallery, London, © maritius images / Peter Barritt / Alamy, S. 40-41

12 | Paul Gauguin, **Wie! Du bist eifersüchtig? (Aha oe feii?),** 1892 Öl auf Leinwand, 66 x 89 cm, Puschkin-Museum, Moskau, © Artothek, S. 42-43

13 | Paul Gauguin, **Reiter am Strand (I),** 1902, Öl auf Leinwand, 66 x 76 cm, Museum Folkwang, Essen, © Museum Folkwang Essen / Artothek, S. 44-45

14 | Paul Gauguin, **Gibt's was Neues? (Parau api),** 1892, Öl auf Leinwand, 67 x 92 cm, Gemäldegalerie Neue Meister, Dresden, © Blauel Gnamm / Artothek, S. 46-47

15 | Paul Gauguin, **Die heilige Quelle: Süße Träume (Nave nave moe),** 1894 Öl auf Leinwand, 73 x 98 cm, Eremitage, St. Petersburg, © Artothek, S. 50-51

16 | Paul Gauguin, **Der Tag Gottes (Mahana no Atua),** 1894, Öl auf Leinwand, 68,3 x 91.5 cm, The Art Institute of Chicago, © Hans Hinz / Artothek, S. 52-53

17 | Paul Gauguin, **Frauen am Meeresufer (Mutterschaft I),** 1899 Öl auf Leinwand, 94 x 72 cm, Eremitage, St. Petersburg, © Artothek, S. 57

18 | Paul Gauguin, **Drei Tahitianer,** 1899 Öl auf Leinwand, 73 x 94 cm, National Gallery of Scotland, Edinburgh, © mauritius images/classicpaintings/Alamy, S. 58-59

19 | Paul Gauguin, **Zwei Tahitianerinnen,** 1899, Öl auf Leinwand, 94 x 72,4 cm, The Metropolitan Museum of Art, New York, © Artothek, S. 63

20 | Paul Gauguin, **Worte des bösen Geistes (Parau na te Varua ino),** 1892 Öl auf Leinwand, 94 x 68,5 cm, National Gallery of Art, Washington, Averell Harriman Foundation, © akg-images / Liszt Collection, S. 65

21 | Paul Gauguin, **Tahitianische Pastorale (FAA IHEIHE),** 1898, Öl auf Leinwand, 54 x 169,5 cm, Tate Gallery, London, © mauritius images / Peter Horee / Alamy, S. 68-69

22 | Paul Gauguin, **Dort liegt der Tempel (Parahi te marae),** 1892, Öl auf Leinwand, 66 x 89 cm, The Philadelphia Museum of Art, © akg-images, S. 70-71

23 | Paul Gauguin, **Unter den Pandanusbäumen (II) (I raro te Oviri),** 1891, Öl auf Leinwand, 73,6 x 96,2 cm, The Minneapolis Institute of Arts, © akg-images, S. 76-77

24 | Paul Gauguin, **Der Markt (Ta matete),** 1892, Öl auf Leinwand, 73 × 92 cm Kunstmuseum Basel, © akg-images / De Agostini Picture Lib., S. 78-79

25 | Paul Gauguin, **Zwei Schwestern** (Piti Teina), 1892, Öl auf Leinwand, 90,5 x 67,5 cm, © mauritius images / SuperStock / Peter Barritt, S. 71

26 | Paul Gauguin, Photographie, 1891 © akg-images, S. 74

DANK

Dass diese vor fünfundzwanzig Jahren begonnene und glücklicherweise auf Tonband aufgezeichnete Vortragsreihe nun endlich in Buchform erscheinen kann, verdankt sich der Arbeit vieler Menschen.

Die Aufzeichnungen auf den Tonbändern wurden von Sandra Schwarz verschriftlicht. Natalie Rehm brachte die Texte in eine erste Form und suchte die Dias zu den Vorträgen zusammen. Schließlich gab es zahlreiche Studierende, die sich seit 2014 im Rahmen von Seminaren, die von David Hornemann v. Laer geleitet wurden, in unterschiedlicher Besetzung um eine vorsichtige Überarbeitung der Vorträge kümmerten, welche den Stil der frei gehaltenen Vorträge beibehielt und sie gleichwohl auch lesbar machten.

An der Überarbeitung waren beteiligt:
Tanja Adam-Heusler, Meike Adden, Joseph Bailey, Elena Ball, Lea Bengel, Laura Bickel, Geraint Black, Leandra Börner-Valdez, Demian Buchner, Elisabeth Capellmann, Julius Daniel, Philipp Doose, Jana Eckey, Manischa Eichwalder, Isabel Gadea, Caroline Geck, Max Geuer, Paul Geilenberg, Andreas Grieser, Antonia Heinrich, Ronja Hellebrandt, Hannah Heukeroth, Melanie Laskowski, Clara Laufenberg, Dominik Lauinger, Katharina Lilienthal, Rose Link, Jannis Keuerleber, Miranda Kiefer, Jonas Klingberg, Mathilda Knoblauch, Anna Ko, Julian Kramp, Andrea Kreisel, Johanna Lamprecht, Helias Mackay, Johanna Mayrshofer, Tobias Möller-Hahlbrock, Lorenz Mrohs, Julia Muhsal, Laurenz Pfaff, Matthias Pfrogner, Anselm Prechtl, Constantin Reuter, David Richardoz, Verena Schusser, Amelie Scupin, Sarah Sock, Rahel Steffen, Rachel Steinmetz, Matthias Tamm, Christine Teuchert, Olaf Tittel, Philine Töpper, Friedemann Uhl, Nikolas von Kameke, Anke von Loewensprung, Anna-Lena Weidemann, Christiane Weinberg, Shaya Werner, Clara Wicharz, Klara Zepp, Mara Zöller.

Die Buchreihe verdankt ihre das Kunstwerk ins Zentrum rückende Gestaltung dem Grafiker Frank Schubert. Birgit Bockemühl stand uns mit Rat und Tat beiseite. Zudem danken wir den im Folgenden genannten Förderern, deren großzügige Spenden die Drucklegung der ersten drei Bände dieser Buchreihe ermöglicht haben:

universität Witten/Herdecke

Fakultät für Kulturreflexion
- Studium fundamentale

wittener universitätsgesellschaft

GLS Treuhand

Werner Richard-Dr. Carl Dörken Stiftung

IBAM
Integriertes Begleitstudium Anthroposophische Medizin Universität Witten/Herdecke

IMPRESSUM

Bibliographische Information der Deutschen Nationalbibliothek:
Die Deutsche Nationalbibliothek verzeichnet diese Publikation in der Deutschen Nationalbibliographie; detaillierte bibliographische Daten sind im Internet über http://dnb.ddb.de abrufbar.

ISBN 978-3-95779-065-1

Erste Auflage 2018

Typographie und Satz und Umschlag:
Frank Schubert, Frankfurt am Main (www.frankundfrei.me)
unter Verwendung einer Detailabbildung des Gemädes
Paul Gauguin, Drei Tahitianer, 1899

Druck und Bindung: Dilling Printmedien, Kreuztal